智元微库
OPEN MIND

成长也是一种美好

被低估的父爱

Undervalued fatherly love

真希望每个爸爸都读过这本书

闫鹏 著

人民邮电出版社

北京

图书在版编目（CIP）数据

被低估的父爱 ： 真希望每个爸爸都读过这本书 / 闫鹏著. -- 北京 ： 人民邮电出版社, 2023.12（2024.2重印）
ISBN 978-7-115-62559-5

Ⅰ. ①被… Ⅱ. ①闫… Ⅲ. ①家庭教育 Ⅳ. ①G78

中国国家版本馆CIP数据核字(2023)第163125号

◆ 著 闫 鹏
责任编辑 李欣玮
责任印制 周昇亮
◆ 人民邮电出版社出版发行 北京市丰台区成寿寺路 11 号
邮编 100164 电子邮件 315@ptpress.com.cn
网址 https://www.ptpress.com.cn
河北京平诚乾印刷有限公司印刷
◆ 开本：720×960 1/16
印张：15.75 2023 年 12 月第 1 版
字数：160 千字 2024 年 2 月河北第 2 次印刷

定 价：69.80 元

读者服务热线：（010） 67630125 印装质量热线：（010） 81055316

反盗版热线：（010） 81055315

广告经营许可证：京东市监广登字20170147号

愿每一位爸爸都能通过本书找到带娃的“正确姿势”，

用最“硬核”的方法、最认真的态度，

从此时此刻开始，用实际行动为父爱写下一个全新的注脚。

赞誉

我一直都认为，育儿的真相不是教育孩子，而是教育自己成为一个更好的大人。

我们一切的完美或不完美，最终其实都会在孩子身上呈现，所以，我们才需要保持开放，不断学习。

闫鹏的书作《被低估的父爱》，为我们在今天如何做父亲提供了有益的指导和启发，不仅能帮助我们更好地理解和应对作为父亲的挑战，也让我们学会去享受这个令人满足的角色。

打开这本《被低估的父爱》，探索自己，也为孩子们的未来注入更多的爱和关怀。

新东方董事长　俞敏洪

10 年前，我与闫鹏相识。今天，他已是一对儿女的“老父亲”了。

这些年，“鸡”娃“卷”娃的风气让这代父母们焦虑得一塌糊涂。闫鹏不这样，不“鸡”娃，更不“卷”娃。他一直把我的格言“不着急、不害怕、厚脸皮”当成养育孩子的一盏灯：长大不着急、低分不害怕、陪娃厚脸皮。

在闫鹏的这本处女作《被低估的父爱》里，我看到了他站在父亲的角度独到的养育观：“焦虑的反面是具体”“灰度养育”“陪孩子天马行空”“三个实战锦囊让爸爸参与育儿”等。我觉得这位“硬核”爸爸的清醒和松弛，可以成为当代父母重新“看见”孩子的一味良药。

这本《被低估的父爱》，适合给这个时代的爸爸们看，更适合妈妈们沉下心来阅读。希望这本书能给新时代的父母们点亮一盏灯，让妈妈不焦虑，让爸爸不油腻。

作家·诗人　冯唐

作为一位创业 6 年的忙碌爸爸，闫鹏不易，他和公司不仅挨过了最难的那 3 年，还不忘一个文人爸爸的本色，用两年的时间，洋洋洒洒十几万字写就了这本《被低估的父爱》，把他养娃带娃的方法论一股脑儿交付出来。这本书，或许可以释放为人父母的你在这个“快”时代的焦虑和苦楚。

带娃和创业其实一样，除了负责，还应该松弛。很多人到中年的父母都很难平衡这两点。正如闫鹏在书中写道：“我经常对团队小伙伴们强调：‘所有四两拨千斤的背后，都有你看不到的千斤拨四两’，在教育行业做了多年，我最大的感触就是‘没有哪个人在这个过程中是轻松的，所有云淡风轻的背后，都有你看不到的付出和异于常人的努力’。而创业爸爸们，不能将这一借口，当作自己逃避和不负责任的理由。”

是啊，大环境不是我们所能掌控的，养育孩子也一样。顺势而为，接纳你的孩子就是给他最好的爱。我知道，每一位奋力向前的中年男人都有太多撑不住的时刻，而孩子，不正是给我们力量和支撑的人吗？《被低估的父爱》是给当代父母的一份礼物，关于父爱的礼物。

财经作家　**吴晓波**

我跟闫鹏认识整10年，那时“凯叔讲故事”还没成立，我正在打磨App上线第一个作品《凯叔西游记》的文稿。闫鹏从一个敬业的媒体人到创业者，其间的艰辛，别人不一定懂，我懂；他家有俩娃，这对创业爸爸来说是一种什么体验，别人不懂，我懂。

很多男人的成熟就是从成为父亲那一刻开始的，这不仅因为肩上的责任，更是因为角色和身份的改变。我为人父10多年，深刻知道：给孩子讲好故事、用心养育孩子才是正事。在这个过程中，父母所得到的远比给予孩子的要多。

闫鹏家的大宝听我讲《西游记》总共听了11遍，非常喜欢。后来我想，能放手让孩子听11遍《西游记》故事的爸爸，一定是一位想象力爆棚，并且真懂孩子的好爸爸。

这本《被低估的父爱》出版了，期待爸爸们读一读，你会在里面找到方法；更期待妈妈们读一读，你会更懂爸爸、更懂孩子。

“凯叔讲故事”App 创始人　凯叔

我的好朋友闫鹏的新书《被低估的父爱》出版了。这本书把“爸爸怎么带娃”这事儿给理清楚了。更重要的是，也给妈妈们如何与爸爸“协同养育”提供了具体的建议。“为人父母是需要终身学习的”“当你抱怨自己糟糕的原生家庭时，别忘了，你正在创造的，就是孩子的原生家庭。”

父亲，在孩子的一生中都扮演着非常重要的角色。闫鹏这位“疯狂爸比”不装、不端，他的两个孩子活泼、健康、爱笑，真是令人羡慕。跟着闫鹏，学习怎么跟孩子玩成“一伙儿”的，让孩子的童年变得更丰富。

《被低估的父爱》，值得当下这个时代的父母们好好读一读。

得到 App 创始人　罗振宇

10 年前有一档节目很火——《老友记》，闫鹏是制作人。在节目中，两位行业跨界却未曾谋面的人坐在一起聊天，在即兴中擦出走心的火花。我一直觉得这种初次见面的深谈除去寒暄，余下的一定是神交。

也是这个时候闫鹏做了父亲，从面对儿子的第一眼开始了父与子的深情凝视。后来女儿出生后，他自嘲为“疯爸”。

一个曾经喜欢在偶然相遇中捕捉心灵火花的人，在与至亲至爱的孩子们10年的相处时光里，会有多么深刻的感悟、精辟的总结、实用的方法以及耐人寻味的体验，这实在让人期待。由亲情与责任引发的思索一定接近真理。

美食节目制作人　王小丫

偶然刷短视频，遇到一人，说的话，我认可。我就像粉丝一样，把这个人账号里所有内容看了一遍。越看越觉得，这人我认识！试探性地给他发了一句：忙吗？很快收到回复：最近太忙了。确实是闫鹏老师！和闫老师认识十余载，只是微信点赞之交，点赞多了，就成了故交。相识之时，闫老师还是制片人，如今却是自媒体博主。深入交流，是近几年，关于交易、关于创业、关于养娃、关于彼此成长。

我曾问闫老师一个特傻的问题："你的自媒体文案是谁帮你写的？"他笑着说："找人写不得花钱吗？每一个字都是自己写的，经常深更半夜，还在键盘上敲打，每一段话都是掏心掏肺的。如何让大家听进去？如何让大家有感触？如何让大家听完还能点个赞？太难了，每句话、每个字都是那么艰难，要字斟句酌地写。"

这种感觉我经常有，每次创作作品都是如此痛苦，痛苦之后的欢喜也只有自己才能体会。但闫老师对我说，一定要自己写，坚持写。"将军下战壕"是每个创业者都需要坚守的。

之前追剧，一句话曾让我感动——"我也是第一次当爸爸"。第一次当爸爸，总是没有准备好，不知所措，感觉自己没有长大，就要面对孩子的成长。我想我心里的疑惑和不安，在这本《被低估的父爱》里都会有答案吧。答案总是在追寻中显露而出！

相声演员·嘻哈包袱铺创始人　高晓攀

因为创业，我跟闫鹏成了很好的合作伙伴。

因为育儿，我跟他又成了“反鸡娃盟友”。

作为两个孩子的父亲，我非常认同闫鹏的这个理念：“父职促成男性生命的二次觉醒”。作为一个打拼的男性，无论你是创业者还是职场人，都需要被社会锤炼出一颗坚毅的心，去穿越焦虑，负重前行。孩子的降临，成长的陪伴，又让我找回了久违的柔软，深刻理解每个生命内在“本自具足的真我”。如果说决定辞职、开始创业是我生命的第一次觉醒，那么迎接新生命、成为父亲就是我生命的第二次觉醒。

我也特别庆幸，能够在第二次觉醒中有机会读到闫鹏的这本新书《被低估的父爱》。作为一个以读书为事业的创业者，我接触过不少家庭教育的读物，其中不乏经典之作，但是从父亲视角展开思考的，的确比较稀缺。

所以，真希望各位父亲能好好读一读这本书，你会找到极强的共鸣和科学的指导。也希望各位母亲来读一读这本书，你会有更具同理心的视角和爱的包容。

让父爱不被低估，让家庭更加和谐。

十点读书创始人·CEO　林少

做家庭教育20多年的时间里，我见到了太多焦虑的妈妈，她们需要平衡家庭和事业的关系。然而，这些重任不该全由妈妈来背负啊，如果爸爸能多分担一些，多体谅一些，孩子就能更幸福地成长。这个时代，太需要有一本关于爸爸如何带娃的书了！爸爸读，学会育儿的方法；妈妈读，懂得如何邀请“队友”和谐入场。

我常对妈妈们说：家庭教育的密码是赢得孩子，而不是赢了孩子。看完“疯狂爸比”闫鹏老师的新作《被低估的父爱》后，我想补充一句：家庭教育的密码不是赢了孩子，而是赢得孩子，还要赢取爸爸的深度参与。

期待《被低估的父爱》给爸爸妈妈们另一个视角的启发。

家庭教育及儿童自主学习力培养专家　付立平

我朋友闫鹏的新书《被低估的父爱》面世了，这本书引起我很大的共鸣。自2013年至今，在我创办“帆书”的10年间，我的两个女儿相继出生，作为父亲，我切实体会到了做一个好父亲的责任和重要性。有趣的是，闫鹏和我一样都是山西人，并且也有两个孩子，他还是第一波成为“帆书”会员的人之一，可能也是冥冥之中的缘分吧。

在我的两个女儿的成长过程中，我一直尽最大的努力参与其中。即使是在最忙碌的公司多轮融资、运营扩张阶段，我还是会亲自给孩子换尿布，带着孩子到处玩耍，花尽量多的时间陪伴孩子。现在想来也是很值得庆幸的，孩子成长的过程，其实也是一场漫长的分离。如何在这场分离中陪孩子健康快乐地长大，是个太重要的命题。但许多家庭会有个错误的理念，认为只有妈妈在陪伴和教育孩子上扮演着重要的角色，爸爸只需要在必要的时刻出现一下即可。这可能是大部分爸爸偷懒的借口。任何感情的培养都需要时间，如果吝啬于陪伴孩子，那么，“父爱”两个字便只是一个虚饰而已。

闫鹏的这本书着重强调父爱在孩子生命中的重要性，还手把手教爸爸们找到带娃的“正确姿势”，用最“硬核”的方法、最认真的态度，以及实际行动为父爱写下一个全新的注脚，值得爸爸们好好阅读。

推荐给大家。

帆书（原樊登读书）联合创始人·《简单做事》作者　**郭俊杰**

很高兴看到闫鹏的新书问世！

这位“疯狂爸比”闫鹏是见过世面的人，他是曾经的电视台记者、第一批转型进入互联网的传统媒体人；读过中欧商学院，也采访过无数财经名人。创业 6 年，他和团队打造了几十门爆款视频课……几乎每一份工作，他都能做到一流。但他真正做到极致的，却是工作之外的角色：父亲。

打开他这本《被低估的父爱》，你不仅会收获让人泪目的感动，“父母一辈子都在等孩子说一句‘谢谢’，孩子一辈子都在等父母说一句‘对不起’”，还将发现让你叹为观止的育儿技巧：什么是有效陪伴，如何与孩子玩耍，怎么帮助孩子开窍，孩子不愿意写作业怎么办……

我女儿今年 9 岁，从知道自己要当父亲的那天起，我就开始学习如何做个好父亲。近10年来，我看过上百本育儿书，几乎包括大家耳熟能详的所有经典，闫鹏这本《被低估的父爱》，绝对属于顶级！

北京阳光博客创始人　**刘祥亚**

传统意义上的“父亲对外，母亲顾内”，母亲一力承担所有育儿事务，对孩子的成长是失衡的。

父亲是孩子的天，也是孩子眼里的那座山。闫鹏老师的这本新作《被低估的父爱》把天和山融为一体，把父爱表达得淋漓尽致，也把父亲这个不能被埋没的职业擦得闪闪发光。

科学队长CEO　**纪中展**

我一直记得那个情景：

刚出生的女儿被医生小心地放到我怀抱时，冲我咧嘴一笑，我顿时听到自己的心在哗哗融化。什么都比不上当父亲的感觉。从那以后，有什么好的东西我都想留给女儿。看到闫鹏新书《被低估的父爱》时，我不禁又想起那时，对照着读下来，发现自己这个爸爸在很多地方做得很不到位，可提升之处有太多太多。

确实，“成长，是一条不可逆的单行道”，这本书值得每一位父亲和即将做父亲的你我细读。全力推荐！

见实科技创始人·CEO·《关系飞轮》《小群效应》《即时引爆》《社交红利》作者　**徐志斌**

从做心理咨询的经验来看，孩子成长过程中有父亲的充分参与，至少在社会适应、情智发展、减少问题行为和抑郁产生方面对孩子有着明显的积极影响，但是专门写给父亲的具有实操意义的育儿书却少之又少。闫鹏老师这本书既有相关理论的支持，又有丰富的实践建议，十分值得各位父亲学习和借鉴。

心理咨询师　**董如峰**

作为父亲，我们都很容易不自觉地陷入一个陷阱：以为自己在外辛苦打拼事业，就是对家庭最重要的付出和支持，却忽略了孩子对父亲的需要。父亲参与养育和教导，对孩子的品格塑造和成长至关重要。

不仅如此，父亲参与到养育孩子中来，对夫妻关系的和谐同样至关重要。

但坦白说，即便对此有所认识，在与孩子的实际相处中，我自己仍然非常笨拙，常常不知所措。

感谢闫鹏，作为一个创业者和父亲，他在忙碌之中挤出时间精心撰写了这本书。在这本书中，他从自己的亲身实践出发，不仅提出了父职的重要性，而且给出简单易操作的方法和技巧。

推荐每一位职场和创业中的父亲阅读这本书并实践起来，相信你的夫妻关系、孩子成长、家庭幸福感，都会有巨大的提升！

新声 Pro 创始人　**贾晓涛**

在传统观念中，父亲能否给予家庭爱并承担责任似乎取决于他是否能够为家庭提供更好的物质条件。然而，随着时代的变迁，特别是“80后”“90后”成为父母后，我们终于意识到，爸爸参与养育孩子对建立孩子健全的性格和促进孩子未来的学习发展起着至关重要的作用。然而，许多爸爸却苦于找不到正确的带娃方式，将带孩子当作负担和束缚。

当我收到《被低估的父爱》这本书时，我立刻被这个书名吸引。每次在向“疯爸”请教育儿经验时，他总能带着我以积极的心态应对养娃中的种种难题。认真学习了书中的内容后，我感觉“疯爸”似乎将自己养娃的经验和心得汇集成了一本爸爸带娃的指南。通过生动的场景示范和清晰的指导，他不断提醒我们，父亲与孩子之间的互动本该多么有趣。一旦爸爸找到了带娃的窍门，孩子的成长速度就会非常惊人。我和丈夫一起读这本书，他说非常感谢“疯爸”，因为这本书给了爸爸们一个正名的机会，更让他爱上并享受成为好爸爸的过程。作为妈妈，我也非常感谢这本书，因为它让每一个爸爸的父爱得到了正视，让每一个妈妈养育孩子的过程更加轻松。

百万育儿知识博主　**爬藤妈妈任明**

什么时候不再提起爸爸带娃，就一定要跟妈妈比较，就说明爸爸们崛起了。闫鹏老师的这本书开了一个很好的头，爸爸们加油呀！

猫博士　**袁坚**

在《被低估的父爱》中，你不仅可以看到“疯爸”和一对子女幸福的日常，更可以在字里行间中体会到“疯爸”的不断学习、反思和总结。这些精彩的解读可以帮你轻松了解那些看似有些“疯”的陪伴和育儿背后所蕴含的儿童成长、心理发展的理论依据和基石。

这本《被低估的父爱》不仅是爸爸们拿来就可以上手演练的育儿手册，更可以帮助爸爸们在育儿道路上知其然且知其所以然。

而对妈妈们来说，这不仅是一本可以在育儿道路上培养“好队友”的好书，也为自身的育儿提供了更为丰富的指导和广阔的视角。

资深阅读推广人　徐静琰

十年磨一剑，老朋友闫鹏出书了！

他用10年育儿的独特体悟和理性思考，完成了这本《被低估的父爱》。

父亲在孩子的成长中扮演着重要角色，闫鹏将父亲自我成长的一般规律进行了有深度的阐释和总结，深入浅出地给出了从“新手爸爸”到“硬核爸爸”的成长路径和实战秘籍，语言真实亲切，视角独特深刻，其中的案例灵动且有画面感，令人不忍释卷。

特别值得一提的是，在书中，他“看到”了妈妈的辛苦，做到了与伴侣同频共振。这种和睦、温馨家庭氛围下长大的孩子，一定比别人少很多心理负担和压力，活得自由自在。

衷心希望我的朋友们在初为人父人母时就读到这本书，尤其推荐给忙碌的职场爸爸，相信这本书可以帮助你成为好爸爸。

新东方家庭教育研究与指导中心副主任　应光

《被低估的父爱》，温暖而明亮。同样身为父亲，读来甚有共鸣。

“疯爸”用细腻的笔触勾画了与孩子之间的那些深沉时刻。他不仅探讨了如何与孩子建立情感纽带，更深入挖掘了父爱的深度和广度。每一章，都是一次心灵的觉醒，都是对自己、对孩子、对家庭更深入的思考。

父亲也是家庭中的一员，这本书不应当只给父亲推荐，而应该给每一个家庭成员推荐。父爱的外延，是一种家庭构建的范式，是一种家庭协作的模式。这本书，能让我们站在父亲的视角，去思考如何营造和谐的家庭氛围和构建和谐的环境，为孩子创造出更好的成长空间。

前“好未来”教学产品设计总监　李睿

作者用自身经历，“制定”了当代好爸爸的标准：专注陪伴、关注孩子的情绪复原能力和自我管理能力。

《被低估的父爱》让孩子看到优秀成年人的生活状态和心理状态，将家庭建设为成长共同体。

北京师范大学文学院研究员·博士生导师　吴欣歆

很多家庭养娃都是妈妈的独角戏，但好的教育恰恰是一家人的群戏。养育的生态系统，不仅需要妈妈的温暖，更需要爸爸的支持。成长土壤丰沛滋润，孩子才能健康成长。

就像“疯爸”一直和家长们分享的那样，父爱一直是被低估的，但只要爸爸们愿意参与，就会收获超高的“投入产出比”。用心、用爱、用脑、用时间，相信每个爸爸都可以找到自己陪伴孩子的最佳方式。

孩子的成长只有一次，不要错过爸爸专属的陪伴宝典，和“疯爸”一起学妙招，爸爸们加油！

亲职帮创始人 · 3 个娃的北京大学咨询师妈妈　**晴天妈妈**

半年前，我和闫鹏有过一次直播连麦，重点探讨了“丧偶式育儿”和“如何做个好爸爸”。那是一场关于父爱的高浓度对话，除了彼此深度认可对方的家教观念，我个人也受益良多。

在闫鹏的这本《被低估的父爱》中，我看到他站在爸爸的视角，对家庭教育的底色做出了非常多的思考和实践，非常有价值！

我与闫鹏对梁启超先生的大作《我们今天怎样做父亲》这本书也做了深入交流：梁启超先生非常注重与儿女的情感交流，对孩子投入“十二分的热烈”的情感，而尽量避免责备和说教。孟子说“父子之间不责善，责善则离，离则不祥莫大焉”，就是说父子之间首先应该注重情感的亲密融洽，如果管教过于严厉就会损害亲情，亲情受损则会带来严重的后果。其实，古时候很多父亲是富有温情的。

从古人的身上看到光（启发），从《被低估的父爱》中找到路（方法）。这本书，值得今天的父母们好好阅读。

西安交通大学管理学院研究员　郭宇宽

推荐序一

成为父亲，那是世界给予的幸运

闫鹏的书出版了，我真替他高兴。我看到书名《被低估的父爱》的时候，心情一时有些沉重。对这些年的创业历程，我想他应该是“痛，并快乐着”的。这个充满梦想、富有才华的“80 后”父亲，跟众多的“80 后”父亲一样，经受着时代的挑战，肩负着家人的重托，负重前行。没想到闫鹏挺过来了，还把陪伴家人，主要是陪伴孩子的经历写成了书。

这是一本值得所有爸爸都来阅读的书。

我跟闫鹏认识，始于我的《时间之书》，闫鹏和他的伙伴们很看重《时间之书》，希望把它做成视频课，我们一起努力了半年。但由于各种原因，项目没有推进下去。《时间之书》经受了考验，这些年来一直是市场上的畅销书。回过头看，闫鹏是最早发现这本书价值的人之一。

后来我们见面少了，但联系不少。我知道他去教育领域创业，并拿了两轮融资，陷入商业的逻辑。他要对投资人负责，对跟随他的小伙伴们负责，工作高度紧张，我也只能在心里默默地祝福他。很多人投身于事业，对陪伴家人不免力不从心，以“鱼和熊掌不可兼得”为理由自我安慰，或者说，把对伴侣和孩子的爱深埋起来。

我虽然宅在家，有大把的时间陪伴孩子，但读写的任务经常牵扯我有限的精力，加上前些年身体消耗非常大，以至于陪儿子走路都困难。在送儿子上幼儿园时，我都难以抱起儿子，更不用说举起儿子做游戏。这让我非常羞愧，加紧锻炼身体。一年半后，我终于能够轻而易举地把儿子举起来，跟儿子一样疯跑，体会到儿子给予我的快乐，多少算是尽到一点做父亲的责任。我的经历，正是闫鹏在书中说的：父职促成男性生命的二次觉醒。闫鹏说，爸爸不是“猪队友”，父爱是不可或缺的，不可取代的。

正是有这样的认知，闫鹏在繁忙的创业期间，仍挤出时间和精力陪伴儿子友友，陪伴女儿好好。这是因为爸爸的角色非常重要，甚至“爸爸带三分钟，有时比妈妈带三年效果还好”。闫鹏与我和众多爸爸不一样的是，他是少有的有心人。他一面在陪伴孩子，一面在观察总结。比如，他在书里写道：

在孩子三岁前，爸爸可以做孩子最好的玩具；在孩子六岁前，爸爸要做孩子最好的朋友；在孩子 12 岁前，爸爸要做孩子最好的搭档。

这样的新认知，对我而言太宝贵了！

我的精力有限，主动陪孩子的时间不多。我一度以儿子的口气写日记，记下他流鼻血的情景，记下他受伤大哭的事件，但写了半年后，因故不了了之。我旁观儿子的成长，发现他在三四岁时变化很大，由依恋父母到开始有了自己的想法。我甚至感觉到，一些有形无形的力量在跟我争夺儿子，比如手机，比如市场上的各类玩具，比如一个情绪化的爸爸或妈妈，还比如儿子从爸爸妈妈那里学来的口头禅等，像魔鬼一样寄生到儿子身上。

我知道，生命的成长是一件重大的事情，但儿子的成长之快让我眼花缭乱。我曾经设想，在儿子慢慢成长的同时，我也跟着补课，学习一些东西。为此，我还在一些公开场合建议父母们，要跟自己的孩子一起读书、一起学习、一起成长。

为人父母，如果不抱着这样的态度陪伴孩子，就会成为停滞发育的“巨婴”，就会很快被长大的孩子抛弃，就像我们身边的一些父母，他们的资历和见识很快就被十来岁的孩子超越。闫鹏在书里说：爸爸要在孩子的3~6岁期间做他最好的朋友，这样的观察和认知非常有意义。

《被低估的父爱》，是闫鹏陪伴孩子的记录，他的话语平实，亲切感人。那些案例，那些家人相伴的生活瞬间，在我们每一个家庭中都有发生。读闫鹏的文字，让人觉得应该跟爱人、孩子重来一遍生活，那样会更有趣、更幸福。但无法重来也不要紧，闫鹏从理论和实践上给了我们很多材料，让我们知道自己应该更加珍惜生活，用网友们总结的一句话：珍惜当下。

在读《被低估的父爱》时，我的脑海中闪过很多感触。做父亲不容易，但我们不必只看到做父亲牺牲的一面，还要看到做父亲其实也有收获的一面。是的，做父亲是一种责任，也是一种幸运，说明我们对世界有一种爱的承诺，我们应该把这种爱落实，还要去丰富它。

我读这本书后，还特意问了ChatGPT，得到的回答是：“这是一本关于父亲育儿的非凡之作。作者以自己的亲身经历，阐释了当代父亲在儿女成长过程中所应担负的责任与作用。本书融汇了丰富的育儿理念，既有坚持孩子独立成长的教养之道，又不乏与孩子建立亲密关系的诸多技巧。”

这个机器人作者还评论说，“不同于仅强调母爱的传统观念，本书充分肯定了父爱的独特作用。它不仅指导父亲如何与孩子玩耍、对话，还提供了针对不同年龄段的具体育儿方案。作者认为，父亲的参与会培养孩子的独立性和生存力，对其成长意义非凡。本书写作真挚，平实动人，不仅给父亲提供了宝贵的育儿指导，也有助于母亲更好地理解父亲的育儿方式，从而建立良好的育儿合作关系。它将推动社会正确认识父爱，激励更多父亲勇于承担育儿责任，与孩子一起快乐成长。”

对这些回答，我不能同意更多。

可以说，《被低估的父爱》既是关于成长的书，又是关于回报的书。我们这些做父亲的，只有实现了自己对世界的爱的承诺，才能获得孩子和世界的回报。就像一首诗所说，“我会在别人问起我爸的时候，脸上露出骄傲的笑容。”

祝贺闫鹏！

诗人 · 学者 · 作家　余世存

推荐序二

你可以当好父亲的

闫鹏是一位一直在搞事业的忙碌爸爸，居然能在掌舵好一家公司的同时，还稳稳地履行好父职，真为他和他的家庭高兴！这本书凝聚了闫鹏践行父职十年的经验与思考，值得所有爸爸去读。更多的爸爸参与育儿、科学育儿，将会减少很多妈妈的焦虑和孩子的问题行为。

这本书很好读。

我读到前言“好爸爸，就是不缺席”就开始共情了。每个爸爸都是第一次当爸爸，什么时候父亲意识开始觉醒？也只有在日复一日地参与育儿中，觉醒才会发生。我常说，家庭教育是教育的起点，而家庭教育无非就是父母为孩子提供适宜的环境、资源和高质量的陪伴。我不主张父母放弃自己的事业和成长去陪伴孩子，但是我建议父母在陪伴孩子的过程中保持努力的状态去提升环境建设能力、资源供给能力和陪伴孩子的质量。

当孩子 18 岁时，如果你发现自己“白拼了”，终究无法接受。那么，不如在孩子还很小的时候，看看这位“疯狂爸比”闫鹏有哪些带娃的方法策略值得借鉴。也许是某句“养育金句”拨开云雾，也许是他家哪个亲子互动场景让你共鸣。这本好书，能让你在书中看见自己，跟另一半相视而笑；讲述方式轻松，不说教、不讲大道理，闫鹏可以有“疯爸”金句，你也可以有属于自己的独门秘籍。

这本书很好用。

“爸爸速成班”这一部分，可供不同年龄段孩子的爸爸查阅。果然是爸爸懂爸爸，男性相对于女性真是目标导向性更强，太想速成了。这一部分的两章，针对孩子从学前到学龄 12 年的方方面面给出了很好的建议，由于作者这些年在工作中积累了丰富的一线经验，见过的家庭互动案例足够多，所以，书中的方法策略相当实用，对于家长困惑和焦虑的问题，都给出了实操过的简单易行的建议。对于成年人来讲，用于阅读的时间有限，高效速成也是深谙爸爸们的心。家庭教育，说复杂，可以通过专业培训学习多年；说简单，就是父母和孩子在每个生活场景中相处互动的各种细节。认知正确，才能带来行为正确，那么家庭教育自然在爱意满满、欢声笑语中实行，这才是爸爸们想要的“没白拼”。

这本书值得推荐。如果你读到这里了，谢谢你。

如果你是妈妈，建议仪式感满满地把这本书送给你身边的“队友”，不是为了让“队友”向“疯爸”学习，而是帮“队友”在书中找找同是爸爸的共鸣，也许，你家的孩子爸爸正偷偷记录着养娃中的酸甜苦辣呢；也许，他也想表达他的父爱呢。我相信，至少在翻阅这本书的过程中，他会更懂孩子，更懂你。

如果你是爸爸，欢迎你看完这本书后把它送给身边的其他爸爸，其实很多爸爸总被另一半吐槽，他们也很迷茫，他们需要共情，也需要帮助，而且他们很需要被“看见”、被相信他们可以当好父亲。

童年不可逆，每个孩子都是天才，每个孩子都是天使，在推动更多父母认真履职上，我一直非常努力，就是因为我认为每个孩子都值得家庭认真地、高质量地陪伴。

祝贺闫鹏，他是一位好爸爸。相信本书的出版，也会带动千千万万的爸爸开始积极投入美好的育儿生活，帮助他们在践行父职的过程中发现自己的潜力：原来我可以当好父亲！我仿佛看到千千万万的妈妈开心地笑了。

悠贝创始人、中国家庭教育学会理事　林丹

推荐序三

父爱，是世上的稀缺资源

我是一名小儿眼科医生，从事眼科工作 44 年了。今年 67 岁的我依旧童心未泯，被家长和孩子们亲切地称为“于刚爷爷”。我的小老弟“疯狂爸比”闫鹏，在 4 年前赠送给我一个有趣的绰号——花甲少年。知我者莫如他，我甚是喜爱！

2016 年，60 岁的我从北京儿童医院退休，成立了自己的儿童眼科诊所，开启了人生的创业之旅。从业 40 多年，我诊断过上万名患有眼疾的孩子，接触过不计其数的病患家庭，未曾间断关于孩子成长、教育的思索。

构建良好的家庭成长环境，离不开家长的努力与付出。闫鹏，是一位责任心非常强的父亲，是优秀的家庭教育领路人。从提升亲子关系到改善教养方式，他在家庭教育领域的研究与发现全面又深刻，令我十分欣赏。

今天，他的新书《被低估的父爱》出版了，我阅读后受益匪浅。一个健康的孩子，他的大部分阳光与勇气是父亲赐予的。父亲可以带着孩子打篮球、游泳、爬山、疯玩、开阔眼界，也可以激发孩子天马行空的想象力。父爱如山，父亲深沉而无私的爱，是孩子成长道路上稀缺的资源。

这本《被低估的父爱》不可被低估，希望它能赋予每个家庭无穷的正能量，赋予每个孩子坚韧与顽强。

回首 67 年的人生征途，我也是乘风破浪，一路前行。希望阅读此书，你我共勉！

北京儿童医院原院长助理、北京美和眼科院长　于刚

推荐序四

做时代的“有识之父”

我认识闫鹏的时候，他还是互联网大厂的主编，一个优秀、敬业、靠谱的人。

这几年，经过创业、转型，他已是家庭教育的专家、导师、头部博主。他的视频号“疯狂爸比”，用活泼可爱的方式教人如何做有松弛感的父母、如何科学养育子女。我不知道他是如何选择这个赛道的，我只知道他是两个孩子的父亲，大约在陪伴孩子的过程中，他发现了许多问题，也找到了一些解决方案，于是把这些经验和思考分享出来。我认为这是很有价值的。

从人的动物属性来看，子女与母亲总是有着更多天然的连接，而父亲更像是人类社会强行赋予的责任。特别是在中国，数千年封建社会形成了一种礼教——“君君臣臣，父父子子”；以农业文明为底色、工业化不完全且突然遭遇了商业社会变革与数字文明的冲击，让曾经作为田里劳动力的男性角色面临普遍性的挑战。家庭中曾经犹如君王一般制定规则的父亲，现在角色变得模糊了；依靠体能的优势、经验与财富的掌控而获得的权利，在现代都市环境中正逐渐丧失。

舐犊之情、为子女计深远，这些都源于自私的基因、传承的本能，它们必然促使更多如闫鹏一样的“有识之父”去积极思考，去寻找自己的角色定位，将通用技能运用到家庭育儿场景中，协同伴侣、共担责任，重构家庭亲密关系，与孩子共同成长。

《被低估的父爱》是为年轻父亲赋能的一本好书，好爸爸是教育出来的。

新奥集团董事局主席助理　陈丹青

推荐序五

周末的午后，李芒果靠在我怀里，我们父女俩在沙发上翻看手机相册里的照片。

“这是你 3 岁生日的时候，那个时候，即使爸爸带着你你也不敢下海，所以你就在沙滩上玩把沙子撒到爸爸身上的游戏。”

“这是我们住在凤凰岭的小院的时候，你刚得到一把尤克里里，假装自己是迈克尔・杰克逊，要给我们表演你自创的歌曲。”

“这是你 5 岁时的感恩节，爸爸给你做了一个南瓜灯，你说这个南瓜灯在晚上有点儿吓人。后来你拿很多酥油灯在地上摆出了很漂亮的形状，把灯关掉后看着很温馨，爸爸就拍了这张照片。”

“这是那次奶奶来北京，我们一家人在果园的小路上散步，你要骑在爸爸的肩膀上，这样你一伸手就可以摘到樱桃了。”

“这是你刚出生时的样子，小脸皱巴巴的，像个小老头，又像个小猴子。可是爸爸看到你出生的时候好高兴啊，内心特别感谢你选择来我们家，感谢你选择让我和你妈妈成为你的父母。”

一转头，突然看到李芒果泪流满面，小家伙搂住我的脖子，哇的一声哭了出来。“爸爸，我突然觉得我是那么幸福，你可不可以下辈子，下下辈子还做我的爸爸。”

李芒果出生不久，我选择了开始这次创业。所以和闫鹏一样，我们俩的身份既是创业者，也是孩子的父亲。特别欣慰的是，我没有因为创业而错过女儿的成长；特别幸福的是，李芒果和爸爸有着很深的情感连接，给了我数不清的快乐和幸福。

不过我的地位随着李芒果的年龄增长而有些下滑，从“我的爸爸是全世界最好的爸爸”“我爸爸特别聪明，没有我爸爸做不到的事情”到“爸爸，我还是觉得 MJ 比你酷一些，他跳舞的样子好帅呀”“爸爸，我觉得柯南才是这个世界上最聪明的男人，而且他好像比你帅多了”。

我相信，父亲在孩子成长中的角色非常重要。父亲的爱让孩子有着底层的安全感，得到充足的爱的孩子，会走得更远，飞得更高，也更能给别人爱。这本书叫《被低估的父爱》，但我想说，很多父亲都低估了孩子对于自己成长的帮助。我们生活在这个世界上，需要和亲密的人建立亲密的连接。和孩子的连接，就是我们最好的功课。相信我，每个和孩子深度连接的父亲，得到的滋养和成长绝不会比你给孩子的少。

真希望每个爸爸都读过闫鹏老师的这本书，真希望每个孩子都能得到爸爸的爱和陪伴。

卡思咨询创始人　李浩

前言

好爸爸，就是不缺席

爸爸带娃究竟是一种什么样的体验？

如果把这个问题放到十年前，我恐怕会给出一个十分勉强的答案。

那个时候的我，刚刚迎来生命中的第一个“宝贝”，虽然心内狂喜，深感肩上的责任重大，却并不知“爸爸”这个词的真正意义。如果用我现在的标准去评判，那时的我实在称不上一个合格的爸爸。

和大多数刚刚成为父亲的新手奶爸一样，我除了每天抱着孩子傻笑，就是思考如何多赚钱，如何给家人更好的生活。在我的潜意识中，爸爸就应该是这个样子的，就像小时候我的爸爸一样，就像身边绝大多数的爸爸一样，每天清晨出门工作，晚上带着“猎物”回家，然后倒在床上呼呼大睡。

但是，一直如此，普遍如此，便是对的吗？

一直以来，市面上大部分关于育儿的课程、视频、图书，都以妈妈为主角，而爸爸呢？除了作为带娃的反面教材，接受被吐槽的命运，很多爸爸似乎也默认了自己“猪队友”[①]的定位。爸爸们在育儿中的重要作用被严重低估，已经是不争的事实。

即使现在有越来越多的声音开始鼓励男性加入育儿大军，成为带娃担当；即使有越来越多的证据可以证明孩子在成长之路上会因为爸爸的深度参与而变得更独立、更坚韧、更聪明、更有创造力……爸爸带娃仍然没有引起足够重视。

这种现象引起了我深深的思考。作为爸爸育儿理念的执行者和倡导者，我不想反复阐述爸爸参与育儿会对孩子产生多么神奇的影响，相反，当爸爸的身影从育儿队伍中消失时，我最大的遗憾竟不是为孩子感到遗憾，而是为做父亲的感到遗憾。

此时此刻，我想抛去所有的理论与说教，仅以“爸爸”这一身份，和所有打开这本书的爸爸们聊一聊，在不带娃的日子里，我们究竟错过了什么，又失去了什么。

依赖→疏离

在我们的认知中，孩子总是更依赖妈妈，即使和爸爸共处一室，说得

① “猪队友”一词最早来自某游戏，完整的说法是“不怕神一样的对手，就怕猪一样的队友”，后来常被人们用来调侃配合不默契甚至起反作用的同伴或合作者。——编者注

最多的话也可能是："爸，我妈呢？"这虽然是个段子，却是很多爸爸在家中的真实处境。难道孩子天生就爱妈妈比爱爸爸多吗？

研究结果显示，婴儿生来就有一种寻找与爸爸连接的本能，在幼儿早期，孩子也会明确表现出他们对爸爸的需要，在电话里听到爸爸的声音时会流露出惊喜的表情。

只不过，这种天性的依赖会在一次次失望下变得疏离。如果某一天，你开始抱怨孩子"跟自己不亲了"，这不是孩子的错，而是你的逃避和缺席亲手拒绝了孩子伸向你的双手。

理解→对抗

我看过一句很心酸的话——父母一辈子都在等孩子说一句"谢谢"，孩子一辈子都在等父母说一句"对不起"。

我觉得，这句话用来形容爸爸与孩子的关系，可能更为贴切。

我曾经也跟很多爸爸一样，认为只要给孩子好的生活，在背后默默支持他，即使孩子现在不理解，但总有一天他能明白爸爸的良苦用心。然而，当这一天到来时，真的会如电影里一样，能够抚平过去所有的创伤，迎来父子和解的大团圆结局吗？

很可惜，这只不过是我们一厢情愿的自我感动罢了。

因为，如果你在时间和空间上的缺位使曾经的父子连心变成了针锋相对，使曾经的无所保留变成了欲言又止，使本该最为亲密的两个人在时间的长河中陷入一场注定两败俱伤的战争，甚至在旷日持久的对峙中使本该和谐的家庭关系变得越来越紧张，那么，即使有一天孩子真的能明白你的付出，已经存在的裂痕也无法被修复如初了。

感情就是这样公平。当孩子需要你时，你没有在场；当你想与孩子亲近时，孩子也不会留在原地等你。在未来的某一天，如果你开始抱怨“这些年白拼了”，这不是孩子的错，而是你在多年以前就将他们留在了原地，所以当你想回身拥抱他们时，会发现他们已经离你很远。

回忆→空白

如果你现在问我：“爸爸带娃究竟是一种什么样的体验？”

我脑中会瞬间涌出无数个五彩斑斓的片段：那是当我被娃折腾到生无可恋时，突然听到一个稚嫩的声音喊了一声“爸爸”，然后把软乎乎的小脸贴在我脖颈上的温度；那是当娃一岁时，我成为他的“坐骑”，他用小手紧紧抓着我手指的力量；那是当娃三岁时，我带着他去游乐场疯狂奔跑，再抱着半路睡着的他回家，胳膊上感到的阵阵酸痛；那是当娃四岁时，我带着他去放风筝，我们一起在纸上涂鸦，我在草地上看着他大叫着奔跑时吹过脸上的风；那是当娃五岁时，我陪着他一起给他妈妈做饭，他炒的第一盘西红柿炒鸡蛋飘进鼻子里的香气……

不用刻意去搜寻，这些片段就会自动浮现，组成我与孩子共享记忆的基石。在未来的某一天，我们一起追忆往昔时，可以在面前展开一段完整、连贯的剧情，而不是只有几个被反复咀嚼到无味的画面。

我经常说，子女是父母一生的财富，但没有人能够不劳而获。

当孩子对爸爸从亲昵、依赖、喜欢转变为疏离、怨恨、对抗时，“爸爸”这个词也会在孩子头脑中由一个具象的人变成一个抽象的符号。

成长，是一条不可逆的单行道。你以为，自己只是缺席了孩子的成长，殊不知，你退出的可能是孩子的整个人生。

十年以后，你不会因为少做一个项目而遗憾，但你会因为没有多陪孩子一小时而内疚。

不要将什么都放到“以后”再说。实际上，做父母这件事是存在“有效期”的。孩子需要爸爸陪伴的时期其实就那么一段，在这段时期，孩子对你会是全身心的依赖和信任，一旦过了“有效期”，你再想弥补就要付出千百倍的努力。

仔细算一算，我们能和孩子相处的时间还有多少呢？我不想强迫爸爸们一定要怎么做，选择采用何种模式与孩子相处的决定权在你们自己的手里。

只是，我作为一名爸爸，在育儿的过程中受益良多；在陪伴孩子的过程中享受到了孩子给予我的无数正反馈和成就感。因此，我想把这段科学养育孩子的经历分享给你们，愿更多的爸爸能早点体会到这种无与伦比的幸福，实现快乐育儿、科学育儿。

对爸爸来说，越早参与带娃，收益越大，效果越好。

如果能够正确利用这段时间，知道在什么样的时间做什么样的事，充分发挥自己不同于妈妈的带娃优势，那么爸爸不仅能给孩子高质量的陪伴，为孩子的健康成长注入强劲动力，也会让亲子之间的纽带更为牢固。而这正是我写这本书的初衷。

这不光是为了孩子，更是为了我们自己。

毕竟，事业失败了可以从头再来，但错过了对孩子的教育却不会有改正的机会，甚至连补偿都无从下手。在我看来，那才是对爸爸这一身份最大的辜负。

孩子像是上天派来的“捣蛋鬼”，你温柔以待，他能给你无限能量；你恶语相向，他能把你的生活折腾得一地鸡毛。

在我看来，家里有孩子，这本就是一件特别酷的事！幼时吵闹的宝贝虽然给了我们不少烦恼，但也给了我们无限的希望。很多中年人感叹“躺平没资本，摆烂没资格”①，而就是这些上天派来的“捣蛋鬼”们，可以抚平我们被生活压出的褶皱，赋予我们重新前行的力量，让父职力量促成男性生命的二次觉醒。

愿每一个孩子都能在爸爸的陪伴下快乐成长，更愿每一位爸爸都能通过本书找到带娃的“正确姿势”，用最“硬核”的方法、最认真的态度，从此时此刻开始，用实际行动为父爱写下一个全新的注脚，以免在将来后悔莫及。

---

① “躺平”“摆烂”均为流行网络词语。“躺平”指安于现状，不思进取；“摆烂”则指接受不满并愿意接受更糟糕的情况。——编者注

目录

01 第一部分 忍住！给新手爸爸一点点时间和耐心

忍住！给新手爸爸一点点时间和耐心

第一部分

01

第一章

没有危险的时候，爸爸就是最大的危险

“疯爸”养育金句：

- 别停止进化。做父母和工作、生活一样，始终不能停止改变和进化。
- 完成好过完美！（Done is better than perfect！）即刻行动，逐渐完美。
- 养育，是一场父母和孩子彼此“驯化”的过程。
- 只有放下身段、亲力亲为，才能和孩子产生真正的连接。

如果你问一位妈妈“如何看待‘爸爸带娃’”，十有八九会得到一个大大的白眼，还有随之而来的种种吐槽——“爸爸带娃？活着就好！”“没有危险的时候，爸爸就是最大的危险”“不怕他不带，就怕他乱带”。除了妈妈对爸爸带娃的嫌弃，各种社交媒体上也经常流传爸爸带娃的惊险场面，什么挂娃上墙、洗脸式喂饭、抽风式哄睡……各种奇奇怪怪的画风轮番展示，只有你想不到的，没有他们做不到的。

我很想为各位当爹的说两句好话，改变爸爸们在社交媒体上流传着的不着调的形象。我为此在“疯狂爸比”直播间和很多对育儿颇有心得的奶爸们对话，几十场直播对话下来，发现爸爸们在带娃这件事上不靠谱的传言还真不是空穴来风，也难怪妈妈们对家里的“队友”失望。

不靠谱宝爸带娃图鉴

爸爸们在育儿方面有两种最受诟病的类型。一种是“动力不足型”，他们认为，妈妈带孩子是天经地义的事，男人只要偶尔搭把手就算尽责。这种“帮忙”的心态，使很多爸爸在带娃过程中敷衍了事，他们心情好时就陪娃玩一会儿，一旦出了什么麻烦，就只会找孩子妈妈收拾烂摊子。

另一种是“有心无力”型，他们想参与育儿，但由于种种原因无法做到或没有坚持，各种“坑娃视频”的主角往往就是这类爸爸。

虽然想参与对孩子的养育和教育，但因为性别角色、思维习惯、性格特征，加上缺乏带娃经验，他们在带娃过程中总是不按常理出牌，对孩子照顾不到位。这些行为落在妈妈眼里，她们就会担心爸爸成为孩子身边的“定时炸弹”，不但要防着孩子“作妖”，还要盯着爸爸不要“出幺蛾子”，实在是累身更累心。

我每次在直播间提起这个话题时，妈妈们大多会对自己的另一半嗤之以鼻。曾经有一位妈妈在后台给我留言："虽然上班很累，但每次让老公看孩子，都是带娃十分钟，骂他半小时，把孩子单独交给他带，我实在放心不下。"

妈妈们难以理解，为什么爸爸们的带娃思路会如此跑偏。久而久之，她们便干脆认为多一事不如少一事，一边抱怨"男人不会带孩子""让他做还不如我自己做"，一边将爸爸们驱赶到孩子的安全范围之外。

但，事实如何，爸爸带娃真的如此不靠谱吗？

爸爸说：我不是天生的"猪队友"

有人说，妈妈之所以在带孩子方面有天赋，是因为怀孕和生育使女性分泌激素，产生了一系列身体变化，从而使她们与孩子之间形成了"同频交流"，而爸爸显然不具备这一条件，所以无法达到像妈妈一样的育儿水准。

不可否认，妈妈在察觉孩子的需求方面，确实有一种超强的直觉力。即便在外人看来孩子发出的只是毫无意义的呢喃声或一模一样的哭声，妈妈也能从中寻出细微的差别，并迅速与孩子建立起交流的频道，知道孩子什么时候渴了、饿了，什么时候累了、困了，甚至能预测到危险的出现。在孩子刚出生的那段时间里，妈妈与孩子之间这种神奇的情感连接，经常让我叹为观止。

然而，这并不能说明女性天生就适合带孩子。养育孩子，也绝不是每个女性天生就会的技能。很多人不知道的是，男性在为人父之后，身体也会发生变化，包括激素水平的提升和大脑的改变，会慢慢地建立自己的“育儿脑”，形成与妈妈大脑相同的认知和情感模式。

• 大脑的重塑

发表在美国《国家科学院学报》上的一则报告显示，男女两性的大脑内都存在“育儿网络”。在实验中，科研人员挑选了 89 名新生儿父母，让他们观看包含其子女影像的视频，同时对他们的大脑活动进行观察。

结果显示，带娃的妈妈在观看视频时，其脑内的杏仁核区域[①]会自动启动；不带娃的爸爸，只有颞下沟区域[②]启动；而带娃的爸爸，居然这两个神经区域都显示了高度活跃状态！

也就是说，即使不经历怀孕与分娩过程，只要用心带娃，爸爸也能开启大脑的育儿网络，拥有像妈妈一样的对孩子的敏感度！

• 激素的改变

普林斯顿大学的心理学家伊丽莎白·古尔德通过一项研究发现，当男性成为父亲后，会经历体内激素水平的变化。比如，在孩子出生之前的几周，男性的皮质醇和睾固酮通常会下降；孩子出生之后，新生儿爸爸体内

① 该区域是大脑的情绪快速反应中心，能够让父母对婴儿的生存与安全更敏感。

② 该区域主要负责记忆、情感和处理听觉信息。

的雌激素、催产素、催乳素和糖皮质激素等激素的水平也会发生变化，促使男性更有动力参与育儿。

大自然就是这样神奇，在孩子出生之前，无论是男性还是女性，都已经在身体上做好了成为父母的准备。只不过，妈妈可以通过孕期和分娩时的激素波动，自动激活大脑的育儿网络，而爸爸则需要通过照料婴儿的“实战体验”来获得这些生理特质。

从以上研究成果中，我们不难得出一个结论：对爸爸来说，激活大脑内育儿网络的程度，与直接照顾子女花费时间的总长度呈正相关性。

记得我家大宝友友刚出生时，我只是体重增长了一些，对“爸爸”这一身份还没有完全适应，更不知道如何照顾孩子，每天只会看着他呵呵傻笑。直到渐渐参与照顾孩子时，我才真正和他产生了情感上的连接。

以前，我听到孩子哭就会崩溃。记得友友一岁半左右时，有一次，正在酣睡的我被他的哭声惊醒，这让我气不打一处来，吼了孩子，还扬言要把孩子扔出去。现在想来，我当时真是愚蠢至极。后来我才知道，那是大宝“可怕的两岁”提前来了。再后来，听多了哭闹声，我也慢慢习惯了，甚至对大宝的哭声产生了“免疫”。友友两岁多的时候，我达到了可以一边抱着他，一边腾出手在写字桌前工作的境界。由于经常被友友突如其来的哭闹“驯化”，我渐渐可以识别他的哭声所表达的需求：饿了？困了？穿多了？烦躁了？积食了？我还自得其乐曰：“一技在手，养育不愁！”除了“听声辨需”的技能，我照顾孩子的其他技能也与日俱增，给孩子换尿布、洗澡、按摩、拍嗝，甚至理发等都不在话下。

如果有哪位爸爸还认为自己“天生不会带孩子”“不知道怎么照顾婴儿”，那么，我用自己的实际经验证实：专业带娃，爸爸也能胜任，甚至可以速成。如果没有做到，那只能证明一件事：你从来没有深度参与孩子的养育过程。

孩子呱呱坠地的那一刻，我只是被赋予了一个爸爸的身份，通过亲自参与带娃，我才真正意识到：我已经当上爸爸了！面对这个小小的、软乎乎的婴儿，我能感到一股强大的力量，让我想去照顾他、保护他。完成这种心态上的转变，我大概用了三个月时间。

带娃在户外玩耍时，我经常受到注目。透过邻居们的眼神，我知道，那些妈妈们、老人们心里想的不是“看这爸爸，真没出息，就知道带孩子”；相反，她们投来的是羡慕的目光，我猜她们心里想的是“真羡慕有这样的爸爸呀！能让妈妈和家里的老人多些时间休息”“我们家要是有这样的老公、女婿或儿子该多好呀”！

告诉各位妈妈，在我的身边，认真陪伴孩子的爸爸已经越来越多了，他们出现在小区里、婴儿游泳馆里、公园的小路上、运动场上。我不是个例，今天的爸爸们，已经不是家里最没用的育儿“物品”，他们在养育孩子方面的潜力，加上体力、情绪等方面的优势，可能会让他们比妈妈带娃更有天赋。

被中断的进化之路

既然爸爸们在带娃这件事上如此天赋异禀，为何在我们身边却很少看到合格的奶爸呢？是他们的大脑构造格外独特，无法进化出“育儿模式”，还是工作太忙，以致无法分心？

我也曾就这一问题在直播间进行讨论。本来打算好好“批判”一下这些不负责任的父亲，但一番讨论下来，我才发现事情没有那么简单。其实，大多数新手爸爸还是很有责任感的，之所以不够给力，有以下几方面原因。

第一，不是不想做，是不知如何做。

爸爸：“孩子哭了，我该怎么做呢？”

妈妈：“什么都不会，还是我来吧！”

……

爸爸（失落）：“孩子的事插不上手，我只管好好工作挣钱就好。”

如果说妈妈在育儿方面是天资聪慧的优等生，那么爸爸则像开蒙较晚的小学生，在进入父母角色时，总是比妈妈慢上几拍：要么不知道如何下手，站在旁边束手无策，要么就越帮越忙，做了还不如不做。

如果妈妈在此时大包大揽，爸爸没有学习和锻炼的机会，就会慢慢被排挤出育儿队伍。

第二，不做不错，多做多错。

爸爸：“我带孩子出去玩吧！”

妈妈：“天气预报下午降温，你是不是傻！”

……

爸爸（生气）：“干活还挨骂，早知道我就不说了。”

相信很多爸爸都有这样的体验，心里非常想好好表现一下，但刚一尝试，就被迎头泼了一盆冷水，挫败感油然而生。有时甚至什么都没做，话刚出口，就遭到熟手妈妈无情的否定和嘲笑。

这些打击与斥责，无形中剥夺了爸爸照顾孩子的机会，同时也中断了他们的大脑开启育儿网络的进程。

第三，育儿思路不一致，没有话语权。

爸爸：“孩子勇敢一点儿！试一试！”

妈妈：“太危险了！不能这么做！”

爸爸：“孩子自己玩得很高兴。”

妈妈：“你光顾自己玩手机，一点儿都不管孩子！”

……

爸爸（沉默）：“既然我说什么都没用，不如躲远一点儿。”

由于妈妈对爸爸带娃的不信任，很多新手爸爸在家里总是被嫌弃，完全没有发言权。这让他们觉得避免冲突的唯一办法就是：不参与、不发声。

久而久之，爸爸在育儿的步调上就与妈妈渐行渐远，他们宁愿在公司加班，也不愿意插手育儿事务。等到妈妈精力不够，想让爸爸帮忙时，才发现事情的严重性，恶性循环便产生了；曾经充满热情的爸爸，也就变成妈妈口中那个懒惰、逃避、不负责任、不靠谱的人。

完成好过完美！

对一个家庭来说，一个忙碌的妈妈和一个被闲置的爸爸，是非常糟糕的组合。要想扭转这一局势，就从现在开始，激活爸爸们的大脑吧！

第二章

妈妈放下焦虑，培养“足够好”的爸爸

“疯爸”养育金句：

- 焦虑的反面是具体，吼叫的良药是觉醒。
- 把你的感受、立场和意见转化成目标、方法和行动。
- 父母带娃的八字秘诀：适时鼓励，适度养育。
- 消除带娃坏情绪：采用灰度教养，提升容错率，破除警戒线。

有一位妈妈在“疯爸”的社群里发来求助信息：

我女儿今年6岁多了，是可以上一年级的。可是，我感觉孩子的学习这事真不好说。她学习时倒是很认真，回答问题也反应很快、很积极，自理能力也挺好；可就是写作业很慢很慢，包括写生字都很慢，也不主动写作业。我告诉她可以先写完作业，之后的时间自己做主，她就非要先玩。我很焦虑，不知道该不该让孩子今年入学？

我想，这位妈妈一定是遇到真正的阻点了，否则不会在几百人的社群里给我留下一段这么长的求助信息。我沉思片刻，在键盘上敲下了几百字发送给她。

从您的表述中，我看到的是孩子的优点：

1. 学习时很认真；

2. 回答问题也反应很快、很积极；

3. 自理能力也挺好。

您看到的孩子的缺点：

1. 写作业很慢很慢；

2. 写生字都很慢；

3. 不主动写作业；

4. 告诉她可以先写完作业，之后的时间自己做主，她就非要先玩。

“疯爸”直接给您答案。

一、9 月 1 日可以让孩子正常上小学，那个时候您孩子的年龄应该是 6 岁 4 个月，比班上孩子的平均年龄稍小一点儿，但以您描述的孩子的 3 条优点来看，孩子完全可以适应小学学习。

二、理由如下。

1. 我之所以把您描述的情况拆成 3 个优点和 4 个缺点，是想说：每个人眼中的孩子都有优点和缺点，您所描述的，只是作为妈妈的您眼中的孩子。对 6 岁孩子这个大群体而言，您描述的 4 个缺点都不是缺点，而是极其正常的现象。

2. 5 ~ 7 岁这个阶段的孩子，大脑的神经元在生长，神经元连接的产生像大爆炸一样迅猛；孩子的身体特征也在极速变化，需要更多的营养和能量补给。

3. 对于这个阶段的孩子，您只需要操心两件事。

（1）调整孩子的睡眠和作息，保证孩子每天睡足9小时；

（2）适度给孩子补充营养，为孩子的身体生长和大脑发展保驾护航。

三、调整理念。

1. 谨记“疯爸”的金句：孩子的成长本就是一个“三分教，七分等”的过程。

2. 您要做的是：调整自己的心态，让自己慢下来，等等她，因为孩子的成长是个从量变到质变的过程。

3. 要知道，这个世界从来没有立竿见影的教育，别让自己的节奏（心急）带偏了孩子的节奏。

4. 从今天开始，将您对孩子的所有负面评价通通忘记，取而代之的是想方设法找到孩子身上的优点，去鼓励她、支持她。

如果您尽力了，但还是没有让孩子在短期内得到成长，别灰心。您要永远坚信，每个孩子都有走得很慢的时候，但每个孩子都可以超出父母的预期，可以跳得更高、走得更远。

因为，在您看不到的地方，您的孩子正在努力向下扎根、默默耕耘，等雨水到来的那一天，她的成长速度会远超您的想象。

通过这位妈妈在社群里的文字就能深刻地感受到隐藏在她内心的严重焦虑。老话说“养儿一百岁，长忧九十九”，尤其对一位新手妈妈来说，她的焦虑几乎是伴随着孩子出生时的哭声一起到来的。

妈妈为什么每天都在焦虑

对很多新手妈妈来说，自孩子呱呱坠地，角色身份的转变非但没有给她们带来更多的幸福体验，反而催生了她们不同程度的焦虑情绪，比如角色胜任焦虑、社会适应焦虑、对婴儿的安全与健康的焦虑、护理焦虑、喂养焦虑等。这些焦虑如果没有及时得到疏解，很容易导致她们情绪低落、失眠、易怒、兴趣降低，甚至发展为抑郁症。

• 激素变化，导致焦虑情绪

怀孕期间，女性体内的雌激素和孕激素的水平会显著升高，但在生产之后，这类激素的水平又会急速回落。她们相当于坐了一次“激素过山车”，身体在短时间内无法适应这排山倒海般的冲击，情绪自然也会大受影响。

• 角色冲突导致身心适应不良，虽说为母则刚，但不等于不知疲倦

女性随着孩子的出生成为母亲，从此肩负起养育孩子的重任，这自然会让她们觉得压力很大，无私的天性使她们不计较付出，但这并不意味着她们不知疲倦，如果此时再得不到外界的支持和理解，她们就会更加无所适从。

• 母职惩罚虽是逃不开的魔咒，但妈妈不等于唯一责任人

“孩子没养成好的习惯，都是妈妈惯的！”“孩子总是生病，你这妈妈是怎么当的！”“孩子这么小懂什么，都是妈妈教的！”……

在生活中，我们经常听到这样的话语。不管孩子出了什么问题，妈妈都是第一责任人；不管孩子出了什么错，都是妈妈的错。她们长期生活在这种高压环境之下，怎么可能不焦虑？

• 过度关注，导致身心俱疲

很多妈妈希望给孩子创造一个绝对安全的生存环境，但“安全”并不代表将孩子放进保险箱。有些妈妈为了让孩子远离危险，不让孩子碰到墙，不让孩子晒太阳，不让孩子长途跋涉，不让孩子玩泥土，不让孩子面对所有情绪上的、情感上的、生理上的逆境，其结果只能是两败俱伤。

如果你正在或曾经体验这种情绪，那么你要做的，就是深呼吸、放轻松，你必须知道，这不是你的错。妈妈们可以试着降低对自己的要求，接受自己作为一个新手的笨手笨脚，也可以多学习一些育儿知识或多与一些宝妈交流，但不要忘了：**育儿并不是你一个人的事，你不需要独自面对这陌生的一切！**

摆脱“丧偶式育儿”

前段时间，我收到一位新手妈妈小安的求助信：

疯爸您好！我每次都准时在您的直播间听课，在我孤单无助的时候，您给了我很大的力量。

我实在太焦虑了！

从孩子出生到现在快一年了，我几乎没有睡过一个整觉，我的心每天都悬在孩子身上。有一次，我半夜起来发现孩子睡觉时嘴巴微张，用口呼吸，便立刻打开电脑查询相关资料，一直查到天亮……老公觉得我过于敏感，我们经常因为带娃的问题争吵，这让我更加感到孤单，我应该怎么办呢？

收到小安的求助信后，我第一时间给她留言，试着向她询问孩子爸爸在育儿方面的表现，很快便得到了她的回复。

事实正如我推测的那样，小安的丈夫工作非常忙，很少参与育儿事务，即使下班回家被要求带一会儿孩子，他也是敷衍了事。如今孩子都快一岁了，他连给孩子换尿布的次数都屈指可数，如此一来，小安更不敢把孩子完全交给丈夫，只能什么事都自己动手做。这让小安觉得，在这个家里，只有自己的生活被完全改变了，她一看见丈夫回家就忍不住发火，积压在心里的负面情绪也越来越多。

看到小安的描述，我不禁想到了过去几年被用滥的一个词——“丧偶式育儿”，说的就是爸爸在育儿过程中的角色缺失。如果将妈妈在育儿路上的痛点按困难程度排序，“丧偶式育儿”绝对拔得头筹，它对妈妈的情绪影响特别大。

可能很多女性都有过这样的崩溃时刻：虽然每天都能看到丈夫回家，却总觉得自己像一个单亲妈妈。从照料孩子时的无人帮忙，到教育孩子时的心力交瘁，尤其当自己一人处在崩溃边缘却孤立无援，导致自身能量超负荷输出时，本应作为靠山的孩子爸爸，不仅没有给力的行动，反而处处拖后腿，妈妈心中那种焦虑和无助的情绪，常常会成为压倒她们的最后一根稻草。

有人说，女人一旦做了母亲，就会性情大变，从温柔体贴的小女人，变成咄咄逼人的“绝望主妇”，但很少有人探寻这种改变背后的原因，更没有人看到她们独自承受的愤怒、不满和焦虑。试想一下，如果在育儿过程中处处有帮手，事事有回应，哪个妈妈愿意把自己变成一个怨妇？

可以说，**每一个焦虑的妈妈背后，几乎都有一个“缺席”的爸爸。**这种缺席，不仅会加重妈妈的焦虑情绪，还会使整个家庭逐步走向失控。

对孩子来说，当爸爸无法与紧张的妈妈同频，爸爸妈妈无法共同面对育儿路上的难题时，妈妈便会逐渐放弃对爸爸的依赖，独自背负起养育孩子的重担，将注意力全部转移到孩子身上，久而久之，孩子被这种让人窒息和充满焦虑的“爱”所传染，又何谈在健康的土壤上成长呢？

对爸爸来说，他们在担负起养家的重担，将养育孩子的责任全部抛给妻子时，也错过了与家人共同成长的最佳时机。他们下班回到家，看见孩子与妈妈亲密无间，对自己只有陌生感和排斥，自己成了游离于家庭之外的第三人，无法在家庭中获得归属感和价值感，这同样会使他们陷入焦躁和迷茫的状态。

为了避免这种恶性循环，爸爸妈妈必须从现在开始，明确一个基本的育儿原则：**一个家庭就像一支球队，家庭成员只有彼此配合补位，无缝协作，才能为孩子的成长提供充足的营养。**

陪伴是最长情的告白。爸爸只有主动承担起育儿的责任，成为妈妈最重要的“攻守同盟”，才能成为医好妈妈心病的“灵丹妙药”，从而破除“丧偶式育儿”带来的种种问题和风险。同时，正如我在前文所说，妈妈也要学会接纳爸爸在“育儿脑”进化上的滞后性，适当给予具体的指导和妈妈特有的“三心二意”①，而不是粗暴地将对方推开。这样，爸爸们才能获得积极的正反馈，更快地找到带娃过程中的“欢喜手感”。

● 爸爸的育儿参与度，取决于妈妈的态度

很多事情“说起来容易，做起来难”。虽然道理都知道，但当“学霸”妈妈面对已经“掉队”很远的“学渣”爸爸，偶尔想起他们的各种离谱行径，还是免不了会发出绝望的叹息。

这也是我想对所有正处在焦虑中的妈妈说的第一句话：“停止抱怨和指责，它只会徒增隔阂，什么也解决不了。”很多时候，不是爸爸刻意逃避责任，而是他们热情的火苗刚刚燃起，就被妈妈不经意间亲手掐灭了。

一般来说，这个从热情到冷漠的过程可以分为以下三个阶段。

第一阶段：嫌弃。当爸爸的所作所为达不到妈妈的心理预期时，妈妈表现出明显的失望情绪，将爸爸在带娃中所犯的种种错误一律归结为“不

① 这里的三心指耐心、信心、慈心；二意指给出意想不到的夸奖、营造意兴盎然的氛围。

用心，不认真”。这会直接挫伤爸爸的积极性。

第二阶段：拒绝。当爸爸表达要照顾孩子的想法时，妈妈总是不信任、不放心，索性拒绝他们的帮忙，什么事都亲力亲为，使爸爸与孩子之间无法建立正常的情感连接。

第三阶段：无视。妈妈不再对爸爸的转变有任何期待，也不再为之付出任何努力，爸爸再也没有锻炼的机会，干脆“破罐子破摔”，彻底沦为育儿战线的“边缘人”。

有一位新手爸爸到我的直播间大吐苦水，他说：“不是我不想带孩子，我实在不知道该从哪儿下手，稍微做错一点儿，就会被妻子絮叨好几天，好像我成了要害孩子的坏人一样。”

这也是很多爸爸在育儿问题上面临的一个困境，我称之为“回归困境”。爸爸想成为一个好爸爸，但妈妈一边抱怨，一边又拒绝他们的靠近，无视他们的存在。到底该如何找到这个困境的突围之法呢？答案是：**妈妈的态度是第一位的。这非常关键！妈妈的态度将决定爸爸能否继续参与育儿事务，以及参与的程度。**

美国社会学家罗伯特·金·莫顿曾提出一个著名的心理学概念，叫“自我实现预言”，指的是“人们先入为主的判断，无论其正确与否，都将或多或少地影响人们的行为，以至于这个判断最后真的实现”。也就是说，积极的自我实现预言会为我们的潜意识带来积极的影响；反之，消极的自我实现预言则会带来消极的影响，最终导致严重的后果。

同理，如果妈妈对爸爸在育儿事务上的努力，总是采取抱怨、批评、否定的态度，认定他“什么都做不好”，爸爸在潜意识中也会随之持续否定自己，到头来，就真的变成“没用的爸爸”；相反，如果妈妈采取鼓励的态度，即使爸爸犯了一些低级错误，也会给予一些理解和宽容，便会推动爸爸向积极的方向转变。

那么，如何才能实现积极的自我实现预言呢？

首先，改变对爸爸的心理预期。妈妈要明确一个定义：爸爸不是“差生”，而是“转学生”。当环境发生改变时，给他们一点成长和适应的时间。在育儿过程中，对于爸爸发表的育儿想法或观点，妈妈要表示充分的尊重和接纳，而不是一味地批评和否定，这才能让爸爸感到自己“被需要、被看见、被肯定”，从而激发“爸爸也能带好娃”的潜力。

其次，我们必须形成一个共识：“丧偶式育儿”的出现，很多时候是夫妻双方共同促成的结果。一般来说，男性在照顾新生儿时会表现得手忙脚乱甚至不知所措，这时妈妈可以发挥自己的优势，带领他们一起进步。比如让爸爸给孩子换“尿不湿”、冲奶粉、拍嗝、哄睡、洗澡等，从简单的事情入手，培养他们的育儿技能和养育手感；妈妈将自己觉得有用的育儿知识分享给爸爸，提高他们的知识积累；为他们的每一次进步鼓掌，激发他们的热情和成就感。

最后，“疯爸”想诚恳地跟新手爸爸妈妈们说：没有人天生就是一个好爸爸、好妈妈。育儿这件事儿，也绝不是充满硝烟的“战场”，而应该成为一次“并肩旅行”。在育儿这件事上，妈妈与其盯着“队友”的缺点、错误，不停地挑刺儿，甚至变成了家庭里的“差评师”；不如换个视角，与爸爸一起肩并肩，去欣赏这段养育旅程中的风景：满身的泥泞是风景、雨后的彩虹是风景、乌云漫天时的忧伤是风景，拨云见日后的喜悦更是风景。

特别要说的是，和谐本身就是治愈妈妈产后抑郁和焦虑的一味良药。

消除带娃坏情绪：采用灰度教养，提升容错率，破除警戒线

关于“应该扮演什么样的母亲角色”以及妈妈对身份的焦虑问题，英国著名精神分析学家唐纳德·温尼科特提出过一个概念，叫“足够好的妈妈”（good enough mother），大意是，你不必苛求自己成为一个完美妈妈，不必让自己满足孩子的一切需要；相反，只要能为孩子提供一个基本被满足、基本能控制的养育环境就可以了。

毕竟，一个100分的妈妈不一定就能培养出一个100分的孩子，适当破除警戒线，将自身的容错率和灰度放大，妈妈不仅会获得自我的解脱，也会让孩子获得更稳定的心理状态。

• 足够好的孩子（good enough child）

有一首我很喜欢的诗，叫作《天赐》，放在这里与大家共勉。

希望你有幸有一个这样的孩子——

他与你对着干，从而你可以学习如何放手；

他不听话，从而你可以学会聆听；

他有拖延症，从而你可以学会欣赏静止时的美；

他老忘事，从而你可以学习摆脱对事物的依恋；

他过度敏感，从而你可以学会理智；

他总是心不在焉，从而你可以学会专注；

他敢于反抗，从而你可以学会打破常规思维；

他感到害怕，从而你可以学会相信宇宙的力量。

希望你有幸有一个这样的孩子——

他使你学会，这一切不是关于孩子，而是关于你自己。

对妈妈来说，她们的敏感、恐惧、愤怒、多疑，并不只是贬义词，相反，这是大自然赋予每一位母亲的秘密武器，让她们可以在面对新生命的初期，本能地捕捉到孩子发出的每一个信号，带孩子远离危险。

然而，如果这种焦虑被过度放大，妈妈的情绪就会失控。在生活中，我不止听一位妈妈说过，有了孩子之后，自己变得超级焦虑，张口就是“不行”“不对”“不可以”。有些妈妈甚至因为担心一丁点儿的危险，不惜抹杀孩子的好奇心。

我知道，妈妈们的初心是想给孩子创造一个有安全感的生存环境，但获得安全不代表把孩子放进保险箱，不是把孩子放在一个完全没有伤痛、没有污染、没有危险的罩子里，而是让孩子在足够放松、有足够松弛感的环境中前进。

归根到底，焦虑产生的根源，在于我们对未来生活的恐惧，以及对自己无法控制事情发展的无力感。只有摆脱了这种焦虑情绪，我们才能继续往前走。

“疯爸”在直播间和短视频里经常跟家长们讲一句话：焦虑的反面是具体。

是的，在养育孩子的过程中，只要把目标拆解成一个个具体的、可执行的、颗粒度极小的单元，把自己的感受、立场和意见转化成目标、方法和行动，很多无谓的焦虑就会在行动中被自然化解。

• 足够好的爸爸（good enough father）

虽然妈妈在带娃方面有天生的性别优势，但也不能否认爸爸的放松和有趣也是独具优势的，即使他在此时此刻还没有展现任何育儿天赋，即使他的带娃行为常常让妈妈感到不解和迷惑，即使他做事没有那么细心、靠谱……也不要忘了，他有一颗绝对爱娃的心，他也在慢慢进步，一点儿一点儿地摸索属于自己的带娃方式。

在陪伴孩子成长的路上，妈妈不妨多给新手爸爸一点儿时间，对他们多一点包容和理解；同时也要适当降低对爸爸的预期，在做好风险把控的前提下，允许爸爸以“父爱逻辑”的行为方式陪伴孩子，就算结果不是那么完美，也不要过度苛责。爸爸即使做得不好，妈妈也应该给予他理解和鼓励，帮助他找到存在感和成就感，这样，他们才能更快地进入好爸爸的角色，从一个“猪队友”变成“神助攻”。

• 足够好的妈妈（good enough mother）

孩子出生后，妈妈的“冒险”就开始了，此时的她，不仅要面对身体能量的耗尽，还要完成高压抚育任务，其间的各种辛苦可想而知。

为了尽快恢复身体能量，妈妈要学会做以下这 4 件事。

- 学会“偷懒”；

- 适时放手；
- 退后一步；
- 让爸爸上！

在照顾孩子的同时，妈妈也要顾及自己的感受，将留给孩子的 100 分，分出 40 分给自己，这样不仅有利于家庭和谐，也给爸爸留出了“露一手”的机会，何乐而不为。你觉得呢？

第三章

父爱逻辑：培养孩子的生存力

“疯爸”养育金句：

- 爸爸的角色，在孩子的成长过程中具有不可取代的重要意义。
- 母爱逻辑给孩子的是“生活力”，父爱逻辑给孩子的是“生存力”。
- 爸爸粗犷的放养模式，是开启孩子创造力的最佳密钥。
- 爸爸与妈妈的教育方式截然不同，给孩子带来的是“双核大脑”思维模式。
- 互补是达成默契的必要条件。父母双方主动寻求互补，就会在教育孩子时形成默契。
- 父母需要相互打破、彼此成就，双方应有破有立地去寻求和谐。

每次去书店逛到育儿图书区时，我都会驻足仔细挑选，我发现，大部分育儿图书都是从女性视角展开的，而“爸爸”呢，不仅在书架上少见，书架前也极少看见他们的身影。

由于社会期待的巨大差异，育儿被很多人默认为女性的“专利”，男性则自动将自己设定成一个陪衬者的角色，不仅少有主动学习的自觉性，即使带娃也只是打打下手；凡事都需要妈妈先安排任务，手把手指导之后才依样照做。如果这种现象长期得不到改善，就会出现两种结果。

一种结果是，妈妈会说："我照顾孩子已经够累了，还要再培训一个'孩子'！还不如我自己做省劲儿。"

另一种结果是，爸爸会说："家里多我一个少我一个都无所谓，我省下带孩子的时间去赚钱，使家庭效率最大化。"

这些说法乍听似乎有些道理，但我们忽略了一个事实：养孩子不是完成工作里的关键绩效指标（KPI），在孩子的成长过程中，爸爸的存在比你想象得更重要。

不可或缺的性别引路人

爸爸的角色之所以不可取代，最直观的原因莫过于其有异于妈妈的性别属性。

比如，当孩子进入"性别辨认期"，我们经常能听到这样的对话——

孩子："妈妈，你小时候是男孩还是女孩？"

妈妈："我当然是女孩呀，跟你一样！"

孩子："那爸爸呢？"

妈妈："爸爸是男孩呀！"

孩子："那我以后也想变成男孩！"

一般来说，孩子在3岁前还没有形成性别守恒的概念，最早能分辨的是自己的爸爸和妈妈，他们只有经历性别社会化的过程，才能逐渐正确说出自己或他人的性别，并使自己的行为符合社会所认可的男孩或女孩的标准。注意，在这个过程中，爸爸的作用就非常重要了。

对男孩来说，爸爸的所有行为特征都可以为他们提供角色示范，帮助他们完成身份的自我识别和性别角色的认同。如果这一模板式的形象消失，比如孩子在婴幼儿时期缺乏爸爸的陪伴，或者爸爸的言行举止对孩子来说不是“榜样”而是反面教材，便会阻碍男孩男性特征的形成，会给他们以后的人际交往、自我成长，乃至求学、工作等带来困扰。

对女孩来说，爸爸的形象会成为她们对异性的最早定义。与爸爸的良好互动，不仅可以帮助她们在性别意识、性别角色方面获得更大的优势；那些与父亲相处的经验，也可以让她们懂得如何与异性正确相处；相反，如果父位缺失，则会大大增加她们成年后在与异性交往中“踩坑”的概率。

● 妈妈教的是生活力，爸爸教的是生存力

记得有一次，我发现友友胳膊上出现了好几处划痕，看样子不像自己弄伤的。细问之下才知道，原来他被学校里的两个大孩子欺负了。我立刻向老师反映了这一情况。结果第二天一看，伤痕又增加了！看着孩子委屈的样子，我生气地说：“他们欺负你，你怎么不还手呢？”孩子抬起头：“妈妈说过，在学校不要打架，有事情要好好沟通。”我问：“那你跟他们沟

通了吗？”孩子摇摇头，继续闷不作声。

我拉着友友在沙发上坐下，对他说：“妈妈说得没错，打架是不好，但是你不能一味忍让，下次他们再敢欺负你，你一定要还手！让他们知道你不是好惹的！”孩子抬起头：“万一我打不过他们呢？”我告诉孩子：“欺负人的都是胆小鬼。只要你敢反抗，他们就会害怕！”

这时，友友的妈妈走了过来，着急地说：“你怎么能教孩子打架呢？要不我们明天先不去上学了，我去找对方家长沟通一下。”“孩子的事先让他自己处理。”我跟友友的妈妈说完，对着友友的耳朵悄悄说了几句，然后鼓励他说：“如果你解决不了，爸爸妈妈再帮你去找老师和那两个孩子的家长解决，好不好？”友友坚定地点了点头。

第二天，友友刚放学，就兴冲冲地跑到我面前，向我描述他还击成功的经过，看来，我头天晚上给他支的招奏效了。

据友友说，他冲着欺负他的那两个大孩子怒目圆睁，盯着对方看了足有 5 秒，用愤怒的口吻说：“你们不许再欺负我了，不然我会对你们不客气的，我爸爸妈妈也会找你们的家长算账！”友友给我复述这些话时，我能看到他的志得意满，状态跟前一天晚上迥然不同。我双手向他竖起了拇指，说：“你做得真棒！有时候，还击的方式不一定是还手打回去，你勇敢地站出来表态也是一种勇敢的还击！”

之后，友友在学校被同学欺负的类似情况就再也没有出现。经过这一“役”，我想孩子心里应该明白了：“不管遇到什么事情，我的爸爸妈妈跟我‘是一条战线上的’！”

与母亲的细腻、温柔不同，父亲的生理结构和性格特征，通常会在孩子心里成为力量的象征。这种力量，不仅表现在与孩子的互动方式上，还表现在男性对不同育儿方式的态度上。

正如心理学家荣格所说，母亲是一个可以给予孩子细腻温柔和细心保护的角色，而父亲身上特有的果敢和威严等“男性力量”，则会给孩子一种别样的支持，成为孩子走向世界的过程中必不可少的养分。

对孩子而言，这种力量是下雨时头顶的伞，是摔倒时身旁的树，可以在他最无助、最脆弱时保护他、支撑他。在孩子幼年时，这种力量是他们成长的助推器，帮助他们积聚探索外界的勇气。即使在他们成年之后，一旦遇到重大变化或挫折，这种力量依然可以给予他们反抗的底气和勇气。

妈妈讲安全，爸爸立规矩

“世上只有妈妈好”这句歌词之所以广为传唱，正是因为大家都认可妈妈的爱是世界上最无私的、最纯粹的。面对孩子的需求，妈妈可以全盘接纳、无条件关注，随时随地给孩子积极的回应。这种爱的表达方式，可以让孩子充分体验被爱围绕的感觉，帮助他们形成自尊、自信的心理品质。

然而，这种“以自我为中心”的感觉也会产生副作用。

我家友友小的时候，全家最头疼的就是他的“哼唧”，只要他有什么要求达不到，就会一直“哼唧”，尤其在妈妈或奶奶在场时，更是变本加厉。他知道自己的这一招是万能的，只要他一哼唧，妈妈或奶奶就会过来帮他；他一哼唧，家里所有人就会围着他转；他一哼唧，简直可以搅动这个世界。

当然，这一招也有失灵的时候，那就是他跟我在一起时。我观察过多次，如果我或他的爷爷单独带他，他就完全不会哼唧，因为除非他把自己的需求主动告诉我们，否则我们就会当作没听到。而只要有妈妈或奶奶在场，他的“哼唧”就又开始了。

为什么孩子会在爸爸和妈妈面前有两副面孔？为什么“万能哼唧”会在爸爸面前失灵？

爸爸是孩子规则意识的建立者。对孩子而言，妈妈提供的是近乎无条件的宠爱，而爸爸则天然代表着某种规则感和边界感，是一种“有条件的”爱。

《说文解字》[①] 一书中对“父”的解释是：“父，矩也。家长，率教者。从又举杖。”《说文解字》的作者许慎认为“父”的天职是一家之长、坚持规矩，“父”是教育子女的引导者。“父”是个会意字，本义是指父亲，由“手举着杖”来会意。以手举杖，表示行使责打教育权力的家长。这句话引申为“父亲手里举着棍棒，正在教育子女遵守规矩”。

来看一下“父”字的字形演变过程。

① 《说文解字》是由东汉经学家、文字学家许慎编撰的语文工具书，是中国最早的系统分析汉字字形和考究字源的语文辞书，也是世界上较早的字典之一，被誉为“天下第一种书”。许慎对汉语文字学做出了杰出贡献，被尊称为“字圣”。

虽然我们现在早已不提倡“棍棒教育”，但孩子正如一棵小树，要想让他挺直生长，就必须让其经历修枝剪叶的过程，而爸爸就是这个对他进行“修剪”的人。在一个家庭中，如果父亲角色或父性教育缺位，孩子就容易缺少规则意识，导致行为失控。

有关调查显示，在父亲参与度低的双亲家庭中成长的孩子，在青少年时期品行不端的概率，是在父亲参与度高的双亲家庭中成长的孩子的两倍，也高于单身母亲抚养的孩子出现品行不端的概率。

小树要从小修剪，孩子的规则意识和边界意识也要从小树立。只有这样，才能让孩子接受“以社会和他人为中心”的观念，学会尊重规则，培养边界感，为他们进入成年世界早做准备。

● 更聪明，更有创造力

心理学家麦克·闵尼研究发现：一天内与父亲接触时间多于 2 小时的孩子，与那些一周内与父亲接触不到 6 小时的孩子相比，智商更高。另外，日本著名脑科学家泽口俊之也持同样的观点，认为孩子，尤其是 7 ~ 12 岁的小学生，如果能由父亲多陪伴玩耍，会非常有助于孩子的脑力发展。

究其原因，我认为这与父母的陪伴方式有很大关系。比如，妈妈陪伴孩子时，通常会把活动场地局限在室内，在家里玩游戏、讲故事、唱歌等；但爸爸陪伴孩子时，活动范围就大得多，比如打球、跑步、爬山、探险等。要知道，对孩子的大脑发育来说，最重要的就是外在刺激，孩子活动量多、活动范围大，接收的刺激就多，大脑发育程度自然而然也就会比较高。

另外，爸爸相对粗犷的养育模式，也是开启孩子创造力的最佳密钥。

一方面，爸爸对危险的反应阈值较高，带孩子时经常会“打破常规”，做一些略显出格的事情；另一方面，爸爸通常不会大包大揽地为孩子安排好一切，而是鼓励孩子自己动手、独立思考，因此，和爸爸互动较多的孩子往往更独立，更有创意，在遇到困难时会发挥主观能动性。这种截然不同的陪伴方式，会帮助孩子形成不一样的思维模式。这些都是孩子在妈妈那里较难体验到的。

● 不可取代的游戏伙伴

我听到不止一位妈妈抱怨：“孩子他爸明明不会带娃，但孩子还是和他特别亲！每天一睁眼就找爸爸，有什么秘密也会说给爸爸听。”

为什么不带娃的爸爸，反而能让孩子和他更亲近呢？

除了孩子与爸爸天然的亲密感，还有一个原因是，随着孩子的长大，他会越来越渴望有力量感的行为和互动，而爸爸恰好拥有这部分能量。比如，孩子有了行动能力，每天跑跑跳跳，很多妈妈就会觉得“抓不住”了，而爸爸作为力量的代表，可以用强壮的胳膊把孩子高高举起，或者托着孩子满屋子玩“开飞机”的游戏，对孩子来说，这都是非常刺激的体验，即使被吓得哇哇乱叫，依然会乐此不疲。这种非同一般的体验，自然会让孩子更愿意亲近爸爸。

此外，相对于妈妈的照顾者角色，爸爸更愿意亲身参与孩子的游戏，与孩子一起去挑战新鲜事物，让孩子学习到很多不同于妈妈采用的交往方式。爸爸的带娃方式虽然在妈妈看来有些不着调，却可以更好地帮助孩子成长和独立。从孩子的角度来看，也会觉得爸爸更有趣，从而将爸爸当成自己的游戏伙伴。

● 爸爸带娃，不需要理由

除了以上几个方面，爸爸带娃的优势还有很多，比如爸爸为孩子提供独特的、刺激性的游戏活动，有助于孩子早期识字技能的发展；爸爸在陪伴孩子的过程中，采用的较复杂的和刺激性更强的表达形式，可以促使孩子掌握更高水平的沟通能力和表达能力；爸爸带娃时比妈妈情绪更稳定，可以及时处理、恰当疏导孩子的情绪；爸爸勇于探索的精神，有助于开阔孩子的视野；等等。

古语有云，“养不教，父之过”，可以说，在孩子成长的每个阶段，父亲的角色都不可或缺。

如果身为爸爸的你不曾意识到陪伴孩子的重要性，那就从现在开始改变吧！不要仅仅作为孩子生活的旁观者，不要以为自己对家庭的责任只是工作赚钱，而要将带娃当成一门爸爸成长必修课，要更加积极主动地独立承担更多养育任务，让孩子享受到来自爸爸和妈妈同等的爱与陪伴。

孩子的成长，是一件无法逆转、无法弥补的事情。外面的世界离了谁，太阳都会继续升起，但在孩子的生活里，父亲永远是无可取代的存在。

■“疯爸”独家秘籍：三个实战锦囊让爸爸参与育儿

开放参与节点

很多爸爸在回归育儿战线时，遇到的第一个挑战是：妈妈与孩子的关系已经非常紧密，自己被孤立在外，不知如何融入。针对这一问题，我要送给妈妈们的**第一个实战锦囊是：创造机会**，开放参与节点，完成从“妈妈—孩子”向“妈妈—孩子—爸爸”的关键转变。

第一个节点：孕期

虽然孕育、生产都要靠妈妈一个人完成，但爸爸的职能却不能仅限于司机或保姆。

为了让爸爸尽早适应父亲这一全新身份，妈妈可以安排一些活动让爸爸提早参与，比如一起挑选婴儿用品，布置婴儿房；一起去医院产检，让他感受孩子的胎动；一起记录孩子发育的每一个阶段，畅想未来三个人的生活；还可以每天安排一段固定的时间，让爸爸隔着肚子和胎儿说说话。

尽早让爸爸与胎儿之间建立情感的连接，可以大大缩短唤醒男性大脑内育儿网络的时间。

第二个节点：婴儿期

孩子出生后的前几个月非常重要，是培养爸爸与孩子互动的黄金时期。

尤其在孩子成长到第5个月，进入熟悉面孔识别力发展的阶段，也就是开始“认人”的时候，一定要让爸爸经常出现在孩子身边，成为孩子记忆库里的第一批人，为以后爸爸与孩子的互动打下良好基础。

比如，可以让爸爸给孩子唱歌，抱着孩子轻轻地摇晃，面对面与孩子做一些互动游戏，温柔地抚触孩子的腿、腹部、手臂、脖子等。

我的两个孩子从小就很喜欢洗完澡后让我给他们擦身体乳，或者夏天擦抹痱子粉。这成了他们洗澡后最期待、最欢乐的时光。

在孩子们享受我给他们涂抹和按摩的同时，我会给他们讲故事、借此聊聊他们一天中经历的趣事。当然，作为“疯爸”，我也偶尔会借机胳肢胳肢孩子们，和他们肆意打闹。虽然大宝已经10岁了，我还是会一抓住机会就跟他们一起乐得满床打滚。要知道，那不只是他们的快乐时光，也是我一天中最幸福的时刻。

我希望，在他们的人生字典里，对爸爸两个字的解读是大男孩、淘气包、平等的玩伴，而不是严肃的、庄重的、不苟言笑的老父亲。

爱是什么？爱就是给机会，爱就是多互动，爱就是“借题发挥”。

妈妈要记得哦！只要你记得每天给爸爸留出一段与孩子共处的时光，剩下的事情，孩子就会替你完成，他们会让爸爸沉迷于孩子的欢声笑语中不能自拔。

第三个节点：低幼期（12 ~ 24个月）

这个阶段的孩子，是最惹人怜爱的，也是最容易被“收买”的。

妈妈可以定期让爸爸带孩子在小区里散步、给孩子讲故事、在孩子洗澡时陪他玩耍、和他一起做一些有趣的游戏等，这样可以帮助爸爸迅速赢得孩子的信任。等爸爸下班回家看到孩子期盼的眼神时，他自然就会成为育儿大军中的一员了！

第四个节点：学龄前 2 ~ 4 岁

孩子 2 岁以后，爸爸与孩子建立亲密关系的最好时机就到来了。这时，妈妈可以帮助爸爸成为孩子的最好玩伴，比如让爸爸和孩子一起拼积木、一起做简单的食物、一起去采摘，或者一起做运动……这些珍贵的时光，不仅会成为父子俩的专属记忆，也会帮助爸爸顺利融入孩子的生活。

记得大宝 5 岁生日时，我给他买了一个超复杂的“战舰”积木玩具，猜猜我们俩花了多久拼完的？ 8 小时！而且是一直趴在地毯上全神贯注地拼了 8 小时。

当那一艘雄伟的“战舰”拼完时，我的老腰都快断了，但是从那一刻起，我知道，我已经彻底成了他的盟友。虽然现在我回想起来仍为当时的腰疼唏嘘不已，但孩子在那 8 小时拼插积木的过程中跟我无话不谈，像一对老友般亲密无间，这让我觉得，一切都是值得的。

第五个节点：学龄期

在这一阶段，如果爸爸与孩子在前期的互动基础较扎实，妈妈就可以大胆放手，让他们进行一些更深入的探索活动，可以让爸爸和孩子分享自己的爱好、一起去参加社会活动、一起打游戏通关、一起阅读一本好书、一起去游乐园体验疯狂等，通过让他们长时间相处，慢慢培养爸爸与孩子之间的默契，建立属于他们的交流模式。

由于我家两个孩子在年幼时，就与我建立了良好的亲子关系，到了他们的学龄期，在学习这件事上，我们便可以顺畅沟通，基本上没为学习的事情焦虑过。记得在大宝二年级的那个寒假，我把艾宾浩斯记忆遗忘曲线的原理完整地讲给他听。我俩用了春节假期的7天时间，插科打诨地背会了50首古诗词，其中有些还是初中阶段才学的古诗词。我感觉这件事让孩子在心理上像翻越了一座山："背诵古诗词有什么难的？我做到了！"

第六个，也是最重要的节点：现在

种一棵树，最好的时间是十年前；其次就是现在。

这个道理同样适用于想参与育儿的爸爸。

不管爸爸在这之前对育儿事务的参与度如何，从现在开始，必须让他拿出更多的时间与孩子待在一起。也许刚开始时会遇到一些困难，但随着他与孩子的互动增多，很多问题便会迎刃而解。必要时，妈妈也可以试着"狠下心来"，让爸爸沉浸式体验一下照顾孩子的全流程，当爸爸享受到育儿带来的成就感，体会到自己的重要性之后，这份"被需要"的价值感会激发爸爸的内在动力，让他们主动参与育儿。

设计好爸爸与娃的互动方式

一般来说，在围绕育儿产生的所有衍生事务中，爸爸妈妈对分工会有一个默认的分类标准。相对于妈妈所做的琐碎的日常育儿事务，爸爸更倾向选择那些轻松愉快或只动口不动手的互动方式，而对那些无聊、麻烦、重复的事务视而不见。

针对这种问题，我给妈妈们送上的**第二个实战锦囊是：明确分工**，设计好爸爸与娃的互动方式。

1. 从小事到大事，从有趣到有用

针对爸爸零基础、零经验的“晚熟”特质，可以让他们从门槛低的有趣互动开始，使他们不知不觉地养成带娃习惯，比如：

- 给宝宝擦护肤霜；
- 陪宝宝玩小游戏；
- 哄宝宝睡（听音乐、唱童谣）；
- 抱着宝宝下楼遛弯；
- 带宝宝去打疫苗；

……

这些都可以作为给爸爸的入门级任务，等爸爸逐步适应带娃节奏后，再加大力度和难度，比如：

- 给宝宝换尿不湿；
- 冲奶粉、做辅食；
- 洗宝宝的衣物；
- 给宝宝洗澡、擦干；

……

边做边学，边学边练，通过不断实践，新手爸爸就会向全能奶爸的方向快速升级。

2. 扬长避短，建立爸爸的固定项目

虽然我们提倡爸爸育儿，但并非要求他能“十八般武艺样样精通”。当爸爸对育儿流程有了一定认识后，夫妻双方可以进行一次长谈，在充分沟通的基础上，了解彼此的期望、兴趣，并以此进行分工合作，让爸爸挑选自己擅长的互动方式，比如：

- 妈妈负责喂宝宝，爸爸负责换尿布；
- 妈妈负责自己擅长的细节照顾，爸爸多做需要体力的事务；
- 妈妈带宝宝看书、搭积木，爸爸带宝宝练习跑步、攀爬；

……

随着孩子成长阶段的变化，爸爸妈妈可以灵活调整互动项目。如果觉得这样太麻烦，还可以按照时间段合理分配与孩子的互动时间，比如每周的一、三、五由妈妈负责，二、四、六由爸爸负责，或者白天由妈妈主要负责，晚上由爸爸主要负责。双方指令明确，做事也会事半功倍。

3. 尊重爸爸的互动模式

切记，妈妈不要用自己的育儿程序和思维模式去强行干预爸爸与孩子的互动模式。

由于性别差异及育儿理念的不同，爸爸妈妈对同样一件事情会有不同的处理方式，与其强势纠正对方的“错误”，试图否定和改变对方，不如接纳彼此理念上的差异，尊重对方的努力和付出，在沟通之后寻找解决方法。

同时，妈妈还要给予爸爸充分信任。即使爸爸在育儿过程中犯了一些小错误，也不要因此否定他们的所有努力。让他们直接从孩子身上获得正面反馈，知道自己所做的每一件事都是有价值的，只有这样，才能让他们将带娃变成一种发自内心的渴望。

扩散爸爸带娃口碑，啦啦队队长非你莫属

爸爸带娃，当最初的新鲜劲儿一过，他们便开始懈怠、不耐烦，怎么办？

在这里，给妈妈们送上**第三个实战锦囊：扩散爸爸带娃口碑**，利用“好爸爸”人设，让他彻底“上头”。

1. 利用朋友圈，创造仪式感

心理学家威廉·詹姆斯曾说：“人性深层的需求，就是渴望得到欣赏和赞美。”

很多妈妈喜欢在朋友圈分享育儿经验和感受。其实，爸爸们也需要这种社交上的归属感和认同感。这时候，妈妈这个“啦啦队队长”就需要出手了。

妈妈可以用手机记录下爸爸照顾孩子的过程，配上有仪式感的文案发到朋友圈，比如“爸比第一次换尿布”“新手奶爸上岗记”“爸爸带娃 100 天”……也可以记录下孩子的成长变化，并重点对爸爸提出表扬，比如“爸爸太棒了，我再也不用担心宝宝饿肚子”“通宵带娃，幸亏有个给力队友”等。当爸爸略带不好意思地欣赏大家的点赞和夸奖时，内心会立刻充满斗志。

2. 成立夸夸团，树立“好爸爸”人设

在一些传统偏见的影响下，有些男性会觉得带娃有损自己的男子气概，所以不愿带娃。

这时，妈妈可以利用自己的“夸夸”技能，带动周围的亲戚朋友去认可和鼓励爸爸的育儿行为。比如，可以在家庭聚会或朋友聚会上，对爸爸进行“花式夸奖”：“我家先生，带孩子比我还专业！”“我女儿的头发都是她爸爸梳的，他是女儿认证的唯一发型师！”“我们家孩子就是跟爸爸亲，晚上哭了只让爸爸哄！”

外界的充分认可，不仅会让爸爸消除对带娃的偏见，为了不让自己的人设破灭，在“虚荣心”的驱使下，爸爸还会主动承担更多育儿事务。

3. 在孩子面前，打造好爸爸形象

如果爸爸很忙，孩子难免会对爸爸有一些陌生感。这时，妈妈可以在爸爸与孩子之间充当爱的使者，告诉孩子：“爸爸很爱很爱你，和妈妈一样爱你。”“爸爸说很想你，一会儿我们去接爸爸下班好不好？”妈妈还可以给孩子讲述一些爸爸的高光事迹，树立爸爸“无所不能”的形象，培养孩子对爸爸的崇拜感。

在妈妈潜移默化的影响下，孩子遇到困难时就会主动向爸爸求助，比如，“我的娃娃坏了，爸爸能帮我修好吗？”“妈妈说爸爸打球是第一名，快来教教我吧！”看到孩子期待的眼神，爸爸即使再累，也会打起精神满足孩子的要求。

4. 适当示弱，做家里的“啦啦队队长”

带娃是个辛苦活儿，要想为爸爸带娃注入强劲动力，不能光靠责任约束。

这时，妈妈不妨适当示弱，通过有意无意地表扬或暗示，让爸爸凸显他的优秀，比如告诉他：“要不是你帮忙，今天可就乱套了！”“你一来女儿就不哭了，看来她还是跟爸爸亲一些哦！”“这个我都不知道怎么用，你真是个带娃小天才！”不要期待爸爸会主动猜透你的想法，对于一些无法解决的育儿难题，妈妈不妨抱着学习的态度，向爸爸“请教”。

即使他们只有一点点进步，妈妈也要热情地大力夸奖。不要觉得这样太假而不耐烦，相信我，爸爸对这一招会非常受用。

硬核爸爸带娃攻略：好爸爸，就是不缺席

第二部分

02

第四章

父职促成男性生命的二次觉醒

“疯爸”养育金句：

- 带娃的密码：陪孩子天马行空！
- 设置一个暂停键，把选择的权力交给孩子。
- 养育的本质：放下父母的面子，唤醒孩子的“里子”。
- 轻松养育，父母不仅需要智慧，更需要想象力。
- 参与感很重要！上手、亲历、实战，才是与孩子真正连接的开始。
- 做“疯狂爸比”（Crazy Dad），就是要践行“不装、不端、有点二”的爸爸带娃方式。
- 所谓教育，不是要培养一个迷你版的自己，而是要塑造一个具有独立特征的灵魂。
- 接纳孩子的能力与接纳自己的能力密切相关；父母尊重孩子的程度，取决于父母尊重自己的程度。

孩子到底需要什么样的父亲？

我在当上爸爸后的第 3 年才开始思考这个问题。在这之前，我一直延续着从原生家庭传承下来的严父形象，对孩子严格管理，甚至有些苛刻。就像我小时候经历的那样，为了从小培养孩子的好习惯，我也吼过孩子，骂过孩子，结果却是自己很生气，效果没达成。

直到开始做家庭教育这件事，我才知道自己之前的做法是多么愚蠢。

● 与你的孩子站在同一战线

相信很多父母都和我走过同样的弯路。“棍棒底下出孝子”这句古话在今天已经失去它原有的效力，面对孩子不服不忿的眼神和“凭什么”的无声质问，再也不是一句“我是你爸爸”就能彻底摆平的了。

现在的孩子实在太聪明了，每当你想出了一种管理方法，他们总能想出一百种手段去破解，让你束手无策、火冒三丈。如何才能终止这场亲子间的权力争夺战呢?

我为此开始阅读大量养育类书籍，也接触了很多知性的父母，以及一些教育行业的专家和老师。当我开始认真学习、分析和研究人类的成长过程和心理变化时，我知道，我进入了一个全新的世界。

我发现，很多养育问题的出现，并不是因为孩子本身有什么问题，而是因为我们搞错了自己的定位。我们常常只与问题的表象在纠缠，却忽视了背后的真相，导致自己的做法与养育目标背道而驰。

正如意大利著名教育学家蒙台梭利所说：“对成年人而言，儿童的心灵是一个难解之谜。我们应该努力地探寻隐藏在儿童行为背后的那种可理解的原因。没有某个原因、某个动机，他就不会做任何事情。一个成年人若想找到这些谜底，就必须对儿童采取一种新的态度，增强对孩子的责任感；他必须成为一个研究者，而不是一个迟钝麻木的管理者或专制的评判员。”

简而言之，为人父母，不能只是球场边上的一个“边裁”，而应成为一个深度参与者；不能只是纸上谈兵，甚至延用的方法还是自己的父母教育自己、爷爷奶奶教育自己父母的那一套“传承”和“经验主义”；而是要与“队员”同吃同住，共同体验球场上截球、抢断、过顶、传中、头球破门的每个瞬间，唯有这样，你才能制定出真正适用于当下的“兵法”。

举个例子。在儿童成长过程中，有一个阶段被称为人生第一个叛逆期，即“可怕的 2 岁”——原本乖巧可爱的婴儿，在 2 岁前后①，会突然变成一个执拗、听不进话、动不动就大发脾气的“小恶魔”，让家长伤透脑筋。

从儿童发展心理学上来讲，之所以会出现这种情况，是因为 2 岁左右的孩子开始进入第一个自我意识萌芽期，开始出现强烈的自我意识，任何事情都要以“我”为主。这个阶段的孩子，大脑的神经元连接会像大爆炸一样疯狂进行，但身体机能的发展却没有跟上心智能力的发展，这种身体没有跟上大脑而造成的冲突，让这个阶段的孩子屡屡受挫，又不知如何表达，只能用发脾气来发泄情绪，其表现就是不受控地无理取闹、撒泼打滚。

那些不听话的“坏”行为，并不是他们有意为之，而是个体发展的必经阶段。他们小小的身体，正在经历一场“天人交战”。如果此时我们还摆出一副家长架子，强势纠正孩子的行为，只会产生两种结果。

① 有的孩子会早于 2 岁，甚至 1 岁半就开始了叛逆。

要么是孩子表面上服从，孩子见到爸爸就像老鼠见了猫，避之唯恐不及；要么是管教反而激起孩子更强烈的反抗，将短暂的叛逆期延伸为一场持久战。

很多时候，孩子就像一只刺猬，站在他的背后，你只能看到他的尖刺，只有和他面对面拥抱，你才会感受到他的脆弱和无助。作为爸爸，我们要做的，不是和孩子对立，而是放下姿态，参与孩子的生活，与孩子并肩“作战”，只有这样才能获得孩子真正的爱与尊重。

● 玩闹是孩子的语言，用游戏与孩子对话

要想绕开孩子的防御，快速成为孩子的“自己人”，最简单的办法就是成为他们的玩伴！

精神病学家斯图尔特·布朗曾说：“在所有的动物物种中，人类是最大的玩家。我们天生就会游戏，并通过游戏成长。”

为了了解游戏对于人类成长的重要意义，他曾用42年时间，对6000人进行跟踪采访，了解他们的童年经历对现实生活的影响，最后得出了一个结论——如果一个人在儿童时期不能自由玩耍，他长大后可能会不快乐，难以适应新环境。

在斯图尔特·布朗看来，自由玩耍不仅能使孩子的情绪得到释放，而且对于培养孩子的社交能力、提升抗压能力以及解决问题的认知技能等都至关重要。

不仅如此，很多动物学家对动物行为的研究也佐证了玩耍的益处及其对进化的重要性：从根本上讲，玩耍能让动物（包括人类）学会某些技能，有利于其生存和繁衍后代。无论是人类还是动物，如果在幼年时“没有玩够”，社交、情感和认知能力的发展都会受到影响。

可惜的是，这一正常的心理需求，如今已经成了孩子们的奢望。可能是因为身边没有同龄的伙伴，可能是因为没有合适的环境，可能是因为太多的兴趣班占据了玩耍的时间……如今，越来越多的孩子无法享受到自由玩耍的快乐，只能一个人闷在家里与满地的玩具为伴；更可悲的是，很多孩子已经或正在开始与手机游戏成了铁杆儿朋友！

对于孩子来说，如果家里有一个能够陪他疯、陪他闹的家长，绝对是他一生的幸运。换句话说，孩子跟爸爸妈妈疯玩，比玩玩具、玩手机游戏有意义得多。

相对于妈妈来说，爸爸是担任玩伴角色的最佳人选。一来，爸爸有充沛的体力，可以陪伴孩子一起玩、一起疯，建立亲密的亲子关系；二来，爸爸在游戏中的思维方式异于妈妈，可以发挥男性的创造力，更好地开阔孩子的思维，从不同角度激发孩子的想象力和创造力。

不过，孩子的内心是最纯粹的，可以一眼分辨出你是真心还是假意，要想顺利取得孩子的信任，可以遵循以下几种方法。

● 找回童心，把自己当成孩子

我非常享受跟孩子一起玩闹的时光，尤其是在女儿好好出生之后。她还不会自己翻身的时候，我就拿一个枕巾和她玩躲猫猫，逗得她嘎嘎直乐；等她长大一点儿后，我就玩得更疯了，和她比赛做鬼脸，玩得龇牙咧嘴；开着音乐和她一起在床上蹦跳；把所有的被子拿到客厅搭我们的庇护所；带着她在游乐园玩到天黑才背她回家；甚至甘愿作她不及格的学生，被她调教练习下腰、倒立等动作，跟着她一起跳儿歌舞蹈《勇气大爆发》……全家人经常被我们俩互动时的憨态逗得前仰后合。

然而，每次看到我们玩得如此忘乎所以、放飞自我，妻子都非常无奈："没有一点儿正形，我看你怎么玩得比孩子还开心？"

事实的确如此，这也是我和孩子做朋友的秘诀之一。我曾经听很多家长说"孩子不愿意跟父母玩"。原因很简单：你总端着一副家长架子，这个不能摸、那个不能碰，哪个孩子会愿意跟这样无趣的大人做朋友呢？

有些爸爸跟孩子玩的时候非常僵化、不自然，还有的爸爸觉得"装小孩"特别傻、特别累，抱怨一直玩重复的游戏。其实，你大可不必玩得如此"用力"，试试看，让自己回到童年，先把自己当成一个大男孩，站在孩子的立场上，用孩子的目光去看待游戏本身，你慢慢就会发现：其实带孩子玩这件事一点儿也不难，而你自己从中得到的会比付出的要多得多。

关于这一点，我很喜欢作家周国平在写给女儿的书《宝贝，宝贝》中说的："我相信，孩子在这个阶段经常大笑，实为身心生长所必需。在身体上，是声带的发育、肺活量的扩大；在心智上，是好奇心的激励，是理解力和想象力的进步，是幽默感和乐观精神的培养。所以，在孩子面前出洋相、当小丑、装傻，甚至真的变傻，这是父母的义务。在我看来，其实更是特权，你一生中很少有这样的机会，可以做一个稳操胜券的喜剧演员，用笨拙的演技博得最衷心的欢笑，还可以和这个最忠实的观众一起纵情欢笑，回归天真，忘掉人间的一切烦恼。”

所以，别装了！试着放下成人世界的面具，做一个“不装、不端、有点二”的爸爸，和孩子一起玩一场动物世界，看你们谁先被谁吃掉；和孩子一起不顾形象地纵声大笑，滚到地板上也毫不在乎；放弃那些所谓的规矩、面子，将身体里那个沉寂多年的小小少年重新释放，做到比孩子还“疯”、比孩子脑洞还大、比孩子点子还多，孩子就会自动向你靠拢。

用父母的小心思，让孩子超越期待

讲一个发生在我家的真实故事。女儿好好 3 岁时开始喜欢玩“过家家”游戏，每天都要缠着我玩“医生和病人”的游戏。我干脆给她买了一整套玩具医疗器具，孩子马上拿了一个玩具针管来给我打针，结果“针头”刚碰到我的手，我就装作很疼的样子，举着手“啊—啊—”大叫，“疼”得滚到沙发上。孩子刚开始不知道怎么回事，吓得愣住了，拿着玩具反复查看。很快，她意识到我是装的，立刻笑得上气不接下气，拿着“针头”追着要扎我。

等事情平息下来之后，一直在旁边观战的妈妈向我发出警告，说我演得太逼真，容易吓到孩子。但事实上，孩子不仅没被吓到，还明显比跟妈妈玩的时候更放松、更开心。

这就是我提倡让爸爸跟孩子成为玩伴的原因。妈妈出于母性的本能，在跟孩子玩的时候容易顾虑重重而缺乏创意，尤其在陪男孩玩的时候，总是放不开手脚，最后被嫌弃“没劲”，而爸爸“童心未泯”，爱玩，也会玩，有着和妈妈不同的爱的方式，他可以“演”给孩子看，“说”给孩子听，“装”给孩子去感受，跟孩子一起经历既疯狂又刺激的美好时光，不仅能建立亲密的亲子关系，还能激发孩子的积极性，在玩乐中开发孩子的智力。

同时，孩子在疯玩的过程当中也能感受到爸爸在身边的安全感，增强自己长大后的抗压能力。

玩伴与教育者身份并不矛盾

最后，还要提醒一点：放下架子，并不代表你要放弃责任。平衡玩伴与养育者的身份，也需要一定的技巧。

我们假设一个情景：晚上，你和孩子一起在床上玩“枕头大战”，正玩得不亦乐乎时，到了孩子睡觉的时间，这时候你应该怎么办呢？

A. 立刻停止玩耍，让孩子立刻睡觉。

B. 顺着孩子的心意，继续疯打疯闹。

显然，这两种都不是最佳的解决之道。

如果选 A，正玩在兴头上的孩子，看到爸爸态度突然变化，可能会产生认知偏差，甚至会觉得自己遭到了背叛，决定“以后再也不跟爸爸玩了”。

如果选 B，孩子无法养成好的睡眠习惯，不符合父母的养育期待。

对于这个问题，**我的处理方法是：设置一个暂停键，把选择的权力交给孩子。**

以上面的情景为例，和孩子玩的时候，我会进入游戏状态，当游戏必须中断时，我会直接告诉孩子“我要退出了，我现在要变成‘爸爸’了”，但可以让孩子选择再玩 5 分钟或再玩 10 分钟，给他们一点缓冲的时间。在我家，孩子们已经习惯我的这种身份切换，如果我在和他们玩闹时突然说教，他们就会提醒我说：“爸爸，你现在是回到‘爸爸’身份了吗？”

我经常说：**我们接纳孩子的能力与接纳自己的能力密切相关；我们尊重孩子的程度，取决于我们尊重自己的程度。**

很多时候，如果我们对孩子有足够多的接纳，孩子也会对我们有足够多的接纳；如果我们给孩子足够大的试错空间，孩子也会给我们足够大的犯错空间；如果我们对孩子足够包容，孩子也会对我们足够包容。

为什么有些人喜欢在孩子面前摆架子？因为架子代表了权威，可以让孩子更加听从自己。然而，爸爸一定要认识到：**所谓教育，不是在培养一个迷你版的自己，而是在塑造一个具有独立特征的灵魂。**正因为如此，我们必须尊重孩子的独立性，而不是把孩子当成一件所有物。只有从灵魂深处认识到这一点，我们才能真正地调整好自己，心甘情愿地按照孩子自己的需求去教养他们。

当你学会放下权威感和控制欲，学会体验孩子的乐趣和梦想时，你也许会惊喜地发现，那些横亘在你们之间的厚厚的屏障，那些剪不断、理还乱的死结，竟然就这样神奇地消失了。

第五章

爸爸带三分钟，有时比妈妈带三年效果还好

“疯爸”养育金句：

- “让他把话说完。”跟孩子沟通的方法：接纳、倾听、戒急、用忍。
- 鼓励孩子讲，就是在鼓励孩子思考。
- 吼孩子，他不会停止爱你，但他会放弃自己！
- 成人世界的小事可能是孩子世界的要事。
- 真支持 = 不命令 = 不说教 = 不趁机提条件。
- 错误的陪伴方式，有可能毁掉孩子的努力与潜力。
- 很多你以为的陪伴，其实对孩子来说都是无效的。
- 高质量的陪伴，不需要“太用力”，只需要“用点儿心”。
- 有一句比“我爱你”更重要的话，是“孩子，我懂你”。
- 父母一辈子都在等孩子说一句“谢谢你”，而孩子一辈子都在等父母说一句“对不起”。
- 十年以后，你不会因少做一个项目而遗憾，但可能会因没多陪孩子一小时而内疚。

- 孩子像是上天派来的“捣蛋鬼”，你温柔以待，他能给你无限能量；你恶语相向，他能把你的生活折腾得一地鸡毛。

1946 年，英国开启了一项长达 70 年的纪实追踪，试图通过跟踪记录 7 万个孩子的成长轨迹，找出影响孩子一生的关键因素。

结果显示，低收入家庭的孩子有 20% 摆脱了原生家庭的影响，成功改变了自己的人生。那么，助其完成逆袭的关键因素是什么呢？

答案其实很简单，这些人无一例外都生活在一个非常幸福的家庭中，从小拥有父母的陪伴和关心。尽管生存环境很差，但因为有父母的庇护，让他们生发出了无尽的自信与力量，去毫无顾虑地冲破现实环境的桎梏。

为人父母，没有人不希望自己的孩子能出人头地，拥有完美的一生，但是这样的一生并不会凭空而来。当有一天，你发现孩子没有按照既定的轨道，成为你期待的样子时，先别忙着露出失望的神情，试着扪心自问：自己对孩子尽到陪伴的责任了吗？

你自以为的陪伴，很可能是无效的

错误的陪伴方式，可能会成为毁掉孩子潜力的祸根。我每次在直播间聊起这个话题时，得到的反应都是以下两种。

- 爸爸 A（喊冤派）："我怎么没有陪伴呢？每天除了上班，就是回家带孩子，连点儿个人空间都没有！"
- 爸爸 B（迷茫派）："我也想陪孩子，可是孩子不待见我，我在家时间越长，和孩子的关系越差！"

事实就是这么残酷：每天和孩子生活在一起，照顾他们的起居，充其量只是相处而已，**你自以为的陪伴，其实对孩子来说，很多都是无效的。**

在生活中，我们常见的无效陪伴主要有以下几种形式。

（1）人在心不在

虽然和孩子处于同一个空间，我们却只顾着刷手机、玩游戏、打电话，只用眼睛的余光确认孩子安全就万事大吉。即使孩子跑过来向你"炫耀"他刚完成的作品，你也只是轻轻一瞅，敷衍了事，和孩子几乎没有互动，更没有语言上的深入交流。情感上的连接没有搭建完成，孩子自然不会从这样的陪伴中得到滋养。

（2）控制欲太强

和孩子在一起的时候，我们总是化身为一个 360 度的人形检测器，一旦检测到孩子有什么"异常举动"，立刻发出警报——"这个不能吃""这个勺子不能这么拿""这个积木不能这样拼""作业完成了吗就又开始玩了"，孩子的一举一动都处在你的监视之下，没有充分探险和体验的空间，陪伴也就变成了枷锁。

（3）情绪不稳定

不要总说孩子还小，什么都不懂。实际上，我们的一举一动、一言一行，都会对他们产生影响，你的一句抱怨、一声怒斥，都会被他们听在耳中、记在心里。如果我们无法做到在孩子面前保持情绪稳定，对孩子来说，我们的陪伴不仅无效，而且“有毒”，甚至会给他们留下一生无法消弭的阴影。

（4）太有存在感

孩子需要被关注，但我们不需要时时关注他，更不能随意打断、干扰孩子刚刚集中起来的注意力。比如在孩子醉心于独自玩游戏时，我们一会儿问他渴不渴，一会儿问他饿不饿，总将孩子置于一种“被关注”的状态，会导致他的注意力、记忆力以及思维能力都无法深入，这样的陪伴还不如没有。

这些无效陪伴的存在，让孩子与父母都陷入了一种孤独的境地。从表面上看，我们付出的心血更多了，但实际上，孩子能接收到的有效陪伴却越来越少了。而有效陪伴，恰恰是孩子在成长中最为重要的养料。

● 在有效的时间内，实现陪伴效率最大化

只有高质量的陪伴，才能真正让孩子拥有一个稳定的情绪内核，才能让孩子感觉到自己是被爱的，才能最终产生父母期待的结果。然而，父母也有自己的难处，尤其是爸爸。

2018 年颁布的国内首份《家庭亲子陪伴白皮书》显示，在工作日，中国家长平均每天陪伴孩子的时间为 3.7 小时，周末能达到 9.3 小时，分别占据个人可支配时间的 63% 与 72%；其中，父亲在工作日陪伴孩子的时间为

2.9 小时，在周末为 7.7 小时，远低于母亲陪伴孩子的相应时长 4.6 小时与 10.9 小时。

就爸爸而言，陪伴孩子的时间本来就不足，还大部分都被归进了垃圾时间，数量和质量都不及格。如何才能在有效时间内，实现陪伴效率的最大化呢？

首先，要想提高陪伴质量，就要先学会尊重。

对孩子来说，我认为有两件事情最重要，即人格的独立和人格的完善。他想最终成为一个独立的个体，就要学会表达自己的主张、尊重自己的决定，能为自己的决定承担责任。

对爸爸来说，我们能提供的最大支持，就是不命令、不说教、不趁机提条件。

把孩子当成一个独立的人来对待。这种尊重不是嘴上说说，而是发自内心，从心里把孩子当回事，再通过你的语气、语调、重音、口气等表达出来，这样才能让孩子接收到正确的信号。

记得友友 3 岁半时，他特别想去游乐场，说了好几次我都没有时间。有一天，在送他上学的路上，我提出了一个大胆的想法，我说："明天下午爸爸提前两小时来接你，咱们'逃学'去欢乐谷，怎么样？"孩子又兴奋又担心，犹豫着说："不行……妈妈知道了会骂我的。""没事，有爸爸在呢！"我拍着胸脯向他打包票，他才兴高采烈地去了学校。

我喜欢多带孩子去做一些有挑战性的和打破边界的事情，不希望他特别循规蹈矩。第二天，我如约在下午 3 点半提前接友友下学后直奔欢乐谷，一直玩到晚上 10 点游乐场打烊为止，玩得非常尽兴。出来时，孩子突然跟我说了一句话，他说："爸爸，你知道吗？其实你是最棒的，因为你付出了很多东西。”他才3岁半啊，我都不知道他这句话是从哪里听来的，但那一刻的感动我一直记到现在。在回家的路上，友友在车后座上睡得特别香。我开着车一个人听着他最喜欢的奥特曼音乐《奇迹再现》，仿佛还停留在我自己的童年梦里没有醒来，享受着两个男人才有的幸福。

时至今日，6年多过去了，那一次的“逃学夜游欢乐谷”一直是我俩记忆里最值得回忆的时光，每每提起，幸福感备至。

你看，高质量的陪伴，不需要“太用力”，只需要“用点儿心”。当孩子长大一点儿，遇到难解的问题时，他可以很笃定：爸爸一定会在他身边，支持他、鼓励他，没有说教、批评、指责。

其次，高质量的陪伴就是要保持情感流动。

我听过很多爸爸抱怨，说孩子烦他们，不愿意和他们交流，可他们是怎么和孩子交流的呢？有的人每天见到孩子只说三句话：“吃饭了吗？”“写作业了吗？”“考得怎么样？”

你是不是这样的父母呢？这不叫交流，这叫尬聊。

正如儿童教育专家卡特琳娜·盖冈所说：“真正高质量的陪伴，不是一直在场，也不是溺爱式地围着孩子转，它取决于父母是否掌握了符合孩子各年龄阶段的交流方式。”为了避免尬聊，我们在陪伴孩子的过程中，一定要注意语言的丰富性、情感的丰富性，这样才能让孩子善良、拥有共情的能力。

技巧1：察“言”观“色”，读懂孩子的“话外音”。

受表达能力或情绪条件的限制，很多时候，孩子并不能将自己的需求完整、清晰地表达出来，但这并不说明他不需要倾诉。相反，越是在这个时候，孩子越需要被理解、被看见。

智元微库
OPEN MIND

成 长 也 是 一 种 美 好

To Be Blessed With Reading

中国工信出版集团　人民邮电出版社 POSTS & TELECOM PRESS

心 稻盛和夫的一生嘱托(4种)

作者：[日] 稻盛和夫
译者：曹寓刚 曹岫云
版本：纪念版、平装版、精装版、口袋版
定价：79.80 元 / 59.00 元 / 79.00 元 / 59.00 元

▶ "日本经营之圣"稻盛和夫的收官之作。

▶ 稻盛和夫先生白手起家，创建两家世界500强企业，仅一年多时间，挽救一家世界500强企业，88岁将这段传奇人生封装在这本书中，将最重要的人生成功和幸福的秘诀传于世人，一切始于心，终于心。

斗魂

稻盛和夫的成功热情

作者：[日] 稻盛和夫
译者：曹岫云
书号：978-7-115-56121-3
定价：59.00 元

▶ 本书包含稻盛和夫先生开展经营研讨会的学习资料，并原汁原味将他与 AVX 公司干部间的答疑内容收录其中，用107个小节及12个经营问答展开介绍，回答了"人生怎样才能成功"和"经营怎样才能成功"这两个重要问题，是稻盛哲学的体系框架、利他哲学的源头活水、拓展经营的原理原则、人生成功和经营成功的指导思想，也是青年人的精神食粮、企业人的经营教程、奋斗者的成长手册。

六项精进

增补版

作者：[日] 稻盛和夫
译者：曹岫云
书号：978-7-115-57638-5
定价：平装 69.00 元 口袋版 59.00 元

▶ 稻盛和夫经营哲学核心读本，稻盛和夫在经营实践和生活实践中的切身总结。严格修订稻盛和夫的重要演讲内容，新增实践案例，附有稻盛和夫、曹岫云精彩点评。

▶ 被世界500强企业奉为圭臬的经营哲学书，值得现代人阅读的人生智慧宝库。

经营为什么需要哲学

增补版

作者：[日] 稻盛和夫
译者：曹岫云
书号：978-7-115-57639-2
定价：69.00 元

▶ 浓缩了稻盛和夫"敬天爱人"思想的精髓。

▶ 附有盛和塾塾生学习稻盛经营哲学的学习心得和实践总结，为企业经营者提供了宝贵的经营借鉴。

▶ 本书对于如何凝聚人心，付出不亚于任何人的努力，实现共同富裕具有很好的启示作用。

百术不如一诚

作者：曹岫云
书号：978-7-115-61854-2
定价：59.00 元

▶ 书中阐述了许多鲜为人知但蕴含无限哲理的故事。

▶ 作者向我们系统地阐述了稻盛的成功方程式、企业经营的目的、人生观、工作观、经营观、幸福观、婚恋观、教育观、善恶观、国际观、政治观、科学观、生命观、心性观、宇宙观等是如何从这一"原点"中演绎出来的，帮助读者用一本书快速读懂稻盛和夫。

学法

稻盛和夫经营学入门指南

作者：赵君豪
书号：978-7-115-59887-5
定价：59.00 元

▶ 稻盛和夫经营学的系统总结，企业经营者学习的实用指南。探寻稻盛和夫人生哲学、经营哲学和经营实学之精要，解读稻盛和夫经营学之真髓。盛和塾官方学习教材。

▶ 稻盛和夫（北京）管理顾问有限公司董事长曹岫云作序推荐！

超越好奇

周鸿祎创业实践

作者：周鸿祎 范海涛
书号：978-7-115-61408-7
定价：89.00 元

▶ 官方独家授权，360创始人周鸿祎的创业实践。

▶ 周鸿祎的生猛创业实践，堪称创业避坑指南。

▶ 所谓超越，是不停地试验与推翻自己深爱的想法。

▶ 你可以不喜欢周鸿祎，毕竟他：
搞定九死一生的创业实践；
敢讲枪林弹雨的重磅内幕；
放出生猛的创业避坑指南。

刷新管理

数字化企业快速成长

作者：许林芳
书号：978-7-115-59347-4
定价：69.80 元

▶ 阿里巴巴原大区总经理许林芳20多年组织管理实践精华之作，启发企业数字化转型的组织升级方案，数字化时代管理者和创业者的案头书和精进手册。

▶ 作者综合自己在阿里巴巴的工作经验和近年来的咨询服务实践，对不同阶段的企业成长进行了总结，就数字化时代如何刷新管理进行了详细解答，以战略、文化与组织能力为逻辑出发点，为企业搭建管理体系提供可操练的方法和工具，服务于数字化组织的管理。

"管理者学习进化三部曲"

管理者的数字化转型
华为学习之法
华为管理之道

作者：邓斌
书号：978-7-115-61169-7
978-7-115-56994-3
978-7-115-51609-1
定价：78.00 元 /69.80 元 /59.00 元

▶ 华为原中国区规划咨询总监邓斌，对华为近距离跟踪研究18年所输出的"管理者学习进化三部曲"。

▶ 解码数字化转型、华为管理之道，解读华为学习之法，系统地还原了一个世界级卓越企业的真实管理实践。

▶ 写给管理者的数字化转型启示录。

即兴演讲 掌控人生关键时刻
即兴演讲2 女性如何提升影响力

作者：[加] 朱迪思 · 汉弗莱
译者：垌清 王克平 彭玮
书号：978-7-115-58425-0
978-7-115-54759-0
定价：59.80 元 / 本

▶ 对于每一个奋斗在职场的人而言，无论是作为员工，还是作为团队领导者，做好不同场合的有效沟通都是必要的。在本书中，作者汉弗莱女士提供了多场合的即兴演讲脚本，并告诉我们如何运用不同的技巧来应对各种即兴时刻。

▶ 写给每个人的演讲方法书，教你突破限制性信念，坚定和自信地表达。

讲好你的故事

66个小行动改变人生剧本

作者：[新加坡] 沈文才
[新西兰] 西蒙 · 莫特洛克
书号：978-7-115-59049-7
定价：69.80 元

▶ 曾任瑞士银行投行部董事总经理、领英超过200万粉丝的专栏作者沈文才新作，陆坚、滕红军、刘庭芝、陈恩娜、威廉 · 托姆等强烈推荐！

▶ 大胆想、小处做、趁现在，小行动能给你的职业生涯和人生带来大改变。

▶ 普通职员到职场自由人的精彩故事荟萃，献给每位职场打拼者巧变、创前程的箴言。

卡片笔记写作法

如何实现从阅读到写作

作者：[德] 申克 · 阿伦斯
译者：陈琳
书号：978-7-115-56467-2
定价：69.80 元

▶ 轻松写就58本书和上百篇论文的卡片盒笔记写作法！

▶ 德国著名学者卢曼基于学习心理学的洞察，借鉴久经考验的笔记技术，使用卡片笔记写作法，积累了9万张知识卡片，一生中写了58本书和上百篇论文。

▶ 本书是该系统的第一本中文综合指南和说明。

学会写作

(优化升级版)

作者：粥左罗
书号：978-7-115-58384-0
定价：89.80 元

▶ 畅销书《学会写作》优化升级版，内容与时俱进，实现方法论大升级。

▶ 百万粉丝自媒体达人粥左罗完整复盘个人写作方法论，教读者从零开始学会写作。

▶ 6种能力打造爆文输出系统，5大模式贯通写作变现路径，12项优势建立个人长期竞争力。

聪明人的魔法箱

68个工具快速解决问题

作者：[英] 大卫 · 科顿
译者：王小皓
书号：978-7-115-56099-5
定价：68.00 元

▶ 本书为解决新问题而写，讲解了68个简单却极为有效的工具，就其定义、使用时机、使用策略、注意要点等进行了详细说明和示例。

▶ 集合68个工具，既有传统的解决问题的方案，也有创新思维的方法，既可单独使用，也可组合协同运用，超值有效。

0次与10000次

如何创造全新的人生脚本

作者：[德] 吉塔 · 雅各布
译者：蔡清雨
书号：978-7-115-57177-9
定价：59.80 元

▶ 德国心理学家，教你告别同样的坏感受、同样的错误、同样的创伤，拥有保护自己不受伤害的能力。

▶ 探寻我们内在的习惯性的应对方式，积极修正，创造新的人生脚本。

▶ 樊登、李小萌推荐。

为了真正把握孩子的内在需求和隐含情绪，可以使用“观察法”，通过观察孩子的举止、表情，去了解孩子身上到底发生了什么。如果可以，最好采取坐着、蹲着，甚至躺着的姿势，跟孩子保持平视；如果孩子年龄较小，玩的时候可以让他坐到你的怀里，或者让他在你背上爬来爬去。这样，哪怕爸爸和孩子相处的时间很短，也能让孩子感到与爸爸的亲密度在不断增加。

我和两个孩子的交流，很多时候是在“被踩”的过程中进行的。我们之间最多的交流场景是，我回家就示弱说：“爸爸今天工作一天好累啊，来，大宝二宝给爸爸踩踩背。”他俩就会很自豪地轮流站到爸爸背上从屁股一直踩到脖子，哥哥还会偶尔嘱咐妹妹说：“别踩爸爸脊背中间啊，中间是脊椎”。然后，他们自带成就感，我趴在床上被踩得气喘吁吁，跟他俩的交流也就自然而然地开始了：当天发生的趣事、他们的心情、学校里的好朋友等。我一边享受着“被踩”，一边聆听着孩子们的心声，一边观察着孩子们的内在需求。

技巧 2：学会闭嘴，多听少说。

试着回想一下你与孩子的交流模式，是你一直在说个没完，还是孩子会主动向你倾诉呢？相信多数爸爸都有这样一种感觉：孩子很少对自己说什么悄悄话，有秘密只愿意和妈妈分享。甚至，关于孩子的情况，爸爸都是听妈妈转述的二手消息。

之所以会这样，问题不在别处，而是出在爸爸身上。我见过很多爸爸在和孩子说话时总是习惯性地进入自上而下的状态，一个一直在说，一个被动在听，沟通不知不觉就变成了一场说教。你想想，这样孩子能愿意和你说话吗？

每个人都有倾诉的欲望，孩子尤甚。

在陪伴孩子的过程中，不要总做输出者，要主动寻找话题，让孩子有机会表达他的想法。比如，你可以在吃饭时问问孩子："今天在幼儿园玩得开心吗？""交了新朋友吗？""跟小朋友有什么难忘的故事吗？"……如果孩子流露出想和你交流的想法，那就千万不要放过这个机会，收起你内心的大道理，听听孩子一天的见闻，感受孩子的感受，让他口中的那些快乐的、忧伤的甚至鸡毛蒜皮的小事肆意流淌。我总在直播间跟大家说：让他讲，就是在鼓励他思考；孩子倾诉的过程，就是动脑筋的过程。而你们之前缺乏的亲密感，也在这个过程中慢慢建立起来了。

倾听的秘诀是：假装认真！还得装得像，即便你知道孩子下一句会说什么，你也要"身到、眼到、心到"，认真地问孩子："那后来呢？""为什么呢？""喔，你怎么看待这事呢？"

技巧3：以孩子为中心，而不是以事件为中心。

与孩子在一起，**有一句比"我爱你"更重要的话，是"孩子，我懂你"。**

美国著名家庭治疗师、育儿专家苏珊·施蒂费尔曼曾在《陪伴式成长：和孩子一起成为更好的自己》一书中说过这样一句话："我们之所以难以全身心投入地陪伴孩子，原因在于，只存在于我们想象中的完美孩子，与眼前这个有血有肉的孩子区别很大。"

为什么很多爸爸说自己与孩子待在一起的时间越久，亲子关系越差？因为你根本没有接纳孩子真实的一面，而总想依照自己头脑中对完美孩子的想象来对面前的孩子进行改造；作为回应，孩子也会收起真实的自己，仅以假面对待你。这样戴着面具的交流，真心又有几分呢？

虽然很难，但如果你真的想给孩子高质量的陪伴，就收起你过剩的焦虑感和控制欲吧！

不要总是用挑剔、评判的眼光去丈量孩子的成长，丢掉想象的滤镜，去看见你眼前这个有血有肉的人，哪怕只有几分钟，也要全身心投入在孩子身上：孩子说的话，你要认真回应；孩子做的事，你要认真观察。孩子只有感受到你与他在亲密地连接，才会将你接纳到他的生活中。

最后，尽可能做到坦诚。

跟孩子在一起的时光，并不都是美好的，也会有很多令人崩溃的时刻。孩子的某些行为，可能经常会让你觉得不可理喻，非常恼火。我也经历过很多这样的时刻，但我不会因为顾及父亲的权威，就一味树立自己绝对正确的形象。如果我在白天不小心对孩子发了火，反思之后，我会在晚上哄他睡觉时告诉他："爸爸那样对待你不太合适，我太冲动了，对不起！"

坦诚地向孩子道歉，这一点儿都不丢人。

作为爸爸，我会用诚敬的态度面对孩子。因为，孩子就像你的一面镜子，你对孩子做的每一件事，其实孩子都能完全感知到。当你用坦诚的态度与孩子进行深入交流时，他们也会用理解回应你；你们在互相理解中心灵相通的那一刻，就是增进父子感情的最佳切入点。

● 一直在线

很多爸爸在陪伴孩子时只重时长不重质量，大部分时间处于一种心不在焉的状态，这是绝对不行的。身为人父，最重要的是要“在线”！不光身体要在线，心也要在线，即使和孩子在一起的时间非常短暂，哪怕只有三分钟，也要保持身心在线，这样才能让你在忙碌之余保证高质量地陪伴孩子。

另外，还要记住几个关键的时间点，比如孩子生病时、哭泣时、过生日时、演出或毕业典礼时，请尽最大可能保证出席这几个场合，这可以让你的陪伴事半功倍。

第六章

现代爸爸面临的大挑战

“疯爸”养育金句：

- 父母要走出传统观念的“舒适区”，从养育实战中重获生命成长的契机。
- 放弃固有想法，摒弃所有武断的解释和评判。
- 在养育孩子的过程中，父母要永远保持“第一天”的状态。
- 现代爸爸带娃时的正确姿势：保持对孩子的观察。
- 这个世界上，从来没有人天生就是“好爸爸”，这不是一种天赋，而是后天努力的结果，这也并不是一件轻松的事情。
- 要相信，孩子成长中的每一个或好或坏的瞬间，都正在引领他通往更加辽阔的人生路。
- 人活的就是那么几个瞬间，你陪伴孩子时的片刻光阴，真的会影响和改变孩子的一生。
- 高质量的陪玩，就是忘记自己的家长身份，让孩子觉得你跟他“是一伙的”。
- 妈妈是孩子的安全基地，爸爸就是孩子的自信之源！

- 适当放手，派他上场，偶有耳语，暗中保护。
- 孩子是高速路上行驶的汽车，爸爸就是教练，也是导航员和高速路的修路员。
- 合格的父亲，需要拥有一颗强大的心脏和一点儿小智慧，才能在各种身份间切换自如、游刃有余。

提起爸爸带娃，被诟病最多的，除了前面提到的“丧偶式育儿”，还有很多令人抓狂的时刻。根据妈妈们在我直播间里的描述，我们来还原几个经典场面。

- **瞎指挥**　平时对孩子的生活不闻不问，某天心血来潮，突然把孩子叫到跟前，连珠炮地询问：“最近学习怎么样啊”“数学成绩补上去了没有啊”，用居高临下的态度，强行验收育儿成果。
- **拖后腿**　平时把教育任务都交给妈妈，出现问题后立刻出来怒刷存在感：“你看你教育出来的好孩子”“你这种方法是不对的”，对妈妈的教育理念横挑鼻子竖挑眼，帮不上忙还拖后腿。
- **当好人**　孩子哭的时候不见他人影，孩子笑了他就凑过来，直到把孩子弄哭，再扭脸继续消失，或者在妈妈批评孩子时不分青红皂白地护着孩子，加大教育难度。

……

虽说为人父母就是一场修行，但，爸爸们的存在似乎就是个故障

（bug）。在妈妈们恨铁不成钢的吐槽之下，爸爸们的所作所为似乎都有错，用一个字来概括为人父母这件事，那就是：难！

为什么自己做什么都是错，为什么怎么做都是错？到底要怎么样做才能成为一名合格的好爸爸？这些问题反映的是一个普遍存在于很多家庭的尖锐问题：父亲在家庭中的角色定位混乱，过去从原生家庭那里学习到的“父亲模板”已经过时。

● 爸爸带娃面临的新挑战

美国社会学家斯科特·柯尔特经过研究，将父亲角色（Fatherhood）在时代中的变迁概括为以下三个阶段。

第一阶段：大家长

在封建社会时期，不管在社会还是在家庭之中，父亲的地位都是神圣不可侵犯的，是家庭乃至家族的大家长，女性则处于从属地位。男性在育儿方面的工作仅限于物质供养和行为管教，具体的育儿工作则由妈妈包揽。

第二阶段：顶梁柱

随着美国中产阶级的兴起（20 世纪 50 ～ 60 年代），“男主外，女主内”的家庭模式开始成为社会主流，父亲作为家里唯一的经济支柱，在育儿和家务方面自然参与较少。

第三阶段：合作者

随着时代的发展，越来越多的女性开始走出家门，在社会文化与经济结构改变的双重作用下，照顾孩子的事务，开始从以妈妈为主导，变成爸爸妈妈共同的责任。当全职妈妈不再是家庭的标配，爸爸这一角色的职能，也必须突破旧日的框架，爸爸要开始转换思维，承担更多具体的养育事务。

如果列一个爸爸带娃的责任清单，今天摆在我们面前的清单的长度一定要比以前长很多。尤其是现代社会对父职的要求，除了会赚钱，还有懂得育儿、分担家务、陪伴成长、情感支持……以上几种职责叠加在一起，难免会让很多尚未“进化”的爸爸感到力不从心。

为了尽早适应这种角色变化带来的全新挑战，爸爸必须主动走出自己的“舒适区”，重新找到自己在家庭中的位置，从养育中获得人生的二次成长。

如果想快速度过这段阵痛期，下面几种方法可能会对你有所助益。

“保持饥饿，保持愚钝，保持谦虚”（stay hungry，stay foolish，stay humble）。在工作中，我们经常说要有“空杯心态”，其实在带娃过程中，这句话同样适用。

尤其对于很多“80 后”“90 后”的爸爸们来说，在他们过去的生活中，没有“合格爸爸”的榜样可以供其借鉴，过去耳濡目染的事情也无法成为现在生活的底色。面对这个日新月异的世界和未知的挑战，他们要做的第一件事就是：放弃头脑中固有的想法，摒弃所有武断的解释和评判。

首先，什么是头脑中固有的想法呢？

举个例子，在刚开始带娃的几年里，最让我感到头疼的就是不会处理孩子的负面情绪。都说“孩子的脸，六月的天”，明明玩得好好的，他可能会因为一点儿小事就突然生气、发脾气，撒泼打滚，作为一个在严父的棍棒教育下成长起来的人，我丝毫没有处理这种问题的经验，哄了一会儿不管用，就容易血气上头。

直到后来，我学会了清空自己。当孩子再出现类似问题时，我就试着让自己去忘记“我小时候就是这么过来的”“别人家的孩子都是这样的”等这些过去留在我头脑中的旧规训，尝试用一种全新的体验去覆盖过去的经验，效果自然就好了很多。

其次，摒弃所有武断的解释和评判。

很多时候，我们之所以没有处理好自己和孩子的关系，是因为我们总想干涉孩子的想法。

但你真的了解他们的想法吗？不一定哦！比如，孩子在马路上玩泥巴、在马路边看了一小时蚂蚁搬家，很多人会觉得这是没有意义的事情，认为“蚂蚁有什么可看的？不如去看书、练琴”。其实不是的，孩子做任何一件事情，都是有价值、有意义、有“营养”的，就看你自己有没有一双发现价值的眼睛。当有一天你抱怨孩子专注力不好的时候，你有没有意识到，这正是你粗暴地将他从蚂蚁前拽走所导致的后果呢？

不要用大人的思维去干涉孩子，在理解孩子的状态之前，摒弃所有武断的解释和评判。这句话说起来容易，做起来难，我们只有时刻保持自省的心态，才能去理解和进入孩子想象中的世界。

永远保持“第一天”状态

所谓“第一天”状态，就是永远保持你刚刚当上父母、刚刚拥有奶爸身份时的那种心态。

你可以试着回想一下：在你结婚的第一天、孩子出生的第一天，你是不是虽然身体异常疲惫，但仍然信心满满，对未来充满期待和向往？没错！那就是“第一天”的感觉。

你还可以想象一下，你送孩子去幼儿园的第一天，或是孩子上小学的第一天，你把孩子送到学校，与他挥手作别，在那一秒，你的脑海中翻滚着所有对未来的憧憬，那一秒的感觉，就叫“第一天”。

你还可以回忆自己背井离乡离开父母的那一刻，你心里对未来充满期待、充满想象、充满渴望。那一刻你所有的力气都在周身流动，那一刻，你在进行和保持着你的“第一天”。

虽然育儿是一个漫长的旅程，但孩子每一天的成长都是崭新的，这就要求我们永远要保持这样一种心态，把“第一天”的感觉牢牢刻在我们的心里，始终保持一种豁达的心胸，始终相信，孩子成长中的每一个或好或坏的瞬间，都正在引领他通往更加辽阔的人生道路。

● 观察，保持记录的习惯

什么才是现代爸爸带娃的正确姿势？除了前面提到的这些，我认为还有最重要的一点，就是保持对孩子的观察。

听到这两个字，有人可能会嗤之以鼻：“这不是废话嘛，谁带娃的时候不是时刻盯着孩子，时不时还拍几张照片、来几段小视频，何必强调要观察呢？”

然而，我所说的“观察”不是“时刻盯着孩子”，而是在陪伴孩子时学习、思考、计划，以科学的态度去收集信息，并与自己的判断去进行对照。这样做的目的，是帮助我们进入孩子的“后台”，认清孩子的现状，这样我们才能有的放矢地理解孩子的内心世界，而不是去苛责孩子或总是找孩子的问题。

在我家，从友友出生到现在，我一直坚持着观察和记录的习惯，所拍的视频和照片装满了 6T 的硬盘，我可以看到孩子成长中的每一个细微变化。记得有一次，孩子出去玩回来晚了，回家后又看电视、吃东西，说好的练琴没有练、承诺要读的书没有读，到了该睡觉时才勉强写完作业，孩子自己有些自责，主动向妈妈保证：“明天一定不玩到那么晚了！”然而，接连两天，孩子爱玩的天性又占了上风，虽然经历了内心的挣扎和言语的催促，但效果并不那么显著。到了第三天晚上，妈妈终于忍不住对孩子发了火，孩子心里也很委屈，双方剑拔弩张。

这时，我赶紧拿出了自己的观察结果给孩子解围：“其实今天友友表现非常不错，虽然回来时间晚了点，但一回来就主动坐在书桌前写作业，虽然他很困，但还是坚持写完了作业，然后才开始玩的。”孩子听到我的话，刚刚还因生气而瞪大的眼睛，立刻放松了下来。他知道我看到了他的努力和挣扎，一种战胜自己的喜悦油然而生。“你是怎么做到的？给我们讲讲好不好？”在我的追问下，孩子立刻愉快地跟我们分享了他的心路历程。

很多人喜欢从成年人的角度去评估孩子的能力，认为像这样的小事不值一提，但是对孩子来说，“与昨天的自己比”“时间管理方面的进步”“提升效率，没之前那么磨蹭了”，这些是他克服了多大的诱惑、付出了多大的努力才完成的大事啊！想象一下，如果我没有观察到他努力改变的过程，他该有多么失望！

这是一个特别有用的养育心法。不管你的孩子是男孩、女孩，不管你的孩子是 3 岁、4 岁，还是 13 岁、14 岁，哪怕是 18 岁，任何时刻都可以作为你观察的起点。

那么，什么样的内容才是有价值的观察对象呢？可以从以下五个方面入手：

- 观察孩子对自己、对他人和对世界的看法；
- 观察孩子的身体运动；
- 观察孩子的生命力；
- 观察孩子情绪的变化；
- 观察孩子行为的变化。

这是一个最好的契机，可以让你和孩子产生连接、产生共鸣，改变你和孩子相处的方式，让你在遇到困难和挑战时，能够以现实为依托，以孩子的需求为中心，协调各方面的资源，反复地去评估，同时平静、客观地去思考。久而久之，你读懂孩子的能力就会大大增强，判断孩子感受的准确度也会大幅提高。

检验一下：你是个合格的爸爸吗

如果你想检验一下自己这个爸爸做得合不合格，一个最直观的标准就是，观察当你下班回家时孩子对你的态度——是欢呼着朝你奔来，缠着你说东说西，还是平淡地喊声“爸爸”，就继续自顾自地玩耍，甚至连眼皮都不抬一下？孰冷孰热，一眼就能做到心中有数。

如果是前者，说明孩子非常享受你的陪伴；如果是后者，你可要当心了，在孩子眼中，你可能就是一台行走的取款机或一块被称为“爸爸”的人形背景板。

在这个世界上，从来没有人天生就是“好爸爸”，这不是一种天赋，而是后天努力的结果，这也并不是一件轻松的事情。

在养育孩子这条向上攀登的路上，每个爸爸都是一名勇士。如果暂时遇到了困难，不要气馁，挑战背后的奖励也异常丰厚，只要你表现出积极的态度，在试错、摸索中不断前进，你就是这场挑战中的最后赢家。

在“疯爸”看来，现代爸爸所面临的最大挑战，其本质是时间的争夺战：在事业上投入的时间和在生活中付出的时间处于天平的两端，他们一直在动态中寻找最佳平衡点。但，你知道吗？忙碌的爸爸事实上也可以成为好爸爸！关键是，你得找到那个平衡的方式。那么，忙碌的爸爸到底该怎么做呢？

（1）科学安排优先级。把孩子的事放在心上，把家庭的事放在第一位，在你每天的日程表中，一定要留出给孩子和家人的时间。

（2）陪伴，全身心投入。我经常说，质量永远比时长重要。也就是说，要高质量地陪伴孩子，做到“临在当下”，这远比你边玩手机边神游地陪伴孩子一整天要有价值得多。想想看，你在当下陪伴孩子的几个瞬间，能不能让孩子一辈子都记得？**这些瞬间真的会影响和改变孩子的一生。**

（3）控制好自己的情绪。伴随孩子一生的安全感，其实很多时候来自父亲的情绪稳定。很多对周遭环境将信将疑、内在没有力量的成年人，在他们小的时候，或多或少都受到过父亲的坏脾气和坏情绪的影响。

（4）随时为孩子做好后盾。一个好爸爸，永远都要为孩子做好后盾，当孩子无助时、失落时、缺乏自我价值感时，就是爸爸应该挺身而出的时候。

■ “疯爸”独家秘籍：

找准定位：“猪队友”也能秒变“超级奶爸”

0～3岁 做孩子最好的“玩具”

对孩子来说，最有趣的是人；对爸爸来说，最好的褒奖莫过于成为孩子最好的“玩具”。尤其是在孩子三岁之前，再新奇的玩具也比不上一个又能玩，又能提供保护的大玩伴。在家里，爸爸就是这个角色的不二人选。

带娃的时候，爸爸们可以充分发挥想象力，开发自己的身体潜能，让孩子有更好的互动体验，比如爸爸可以陪孩子玩下面这几个“疯狂游戏”。

（1）把身体当滑梯

孩子会爬之后，对互动的需求也大大增加。这时，爸爸可以把自己当作一座“大山”，引导孩子在自己身上爬来爬去。还可以用自己的腿搭成一座“滑梯”，扶着孩子顺着腿滑下去，或者把孩子放在自己的肚子上，拉着他的手互动。这不仅能锻炼孩子的体能，还能锻炼他的身体平衡能力，一举两得。

（2）变身摇摇车

孩子会说话以后，爸爸可以把身体当成摇摇车，让孩子“投币”来坐。玩的时候，让孩子假装把钱放在爸爸手里，然后爸爸用双手托起孩子，像摇篮一样来回摇晃，就像商店门口的摇摇车一样，孩子也会乐得咯咯直笑。

（3）爸爸牌小木马

爸爸可以利用自己的身高优势，跪在地上，双手着地，形成一个拱形，让孩子在身体底下钻来钻去；或者跟妈妈配合，妈妈扶着孩子，让孩子坐到爸爸身上假装骑“木马”，这也是孩子很喜欢的父子游戏。

（4）飞吧，摩天轮

没有哪个孩子可以拒绝飞起来的感觉。爸爸可以将孩子拦腰抱起，在屋子里来回奔跑，和孩子玩“小飞机”的游戏，也可以将孩子举过头顶，一会儿向左、一会儿向右，让孩子就像在乘坐“摩天轮”一样。

虽然这都是些简单的游戏，但游戏时的肌肤接触、眼神交流、亲密互动，都会成为增进亲子感情的助推器，不仅有助于锻炼孩子的动作和体能，还可以培养孩子勇敢、自信的性格。

“疯爸”这里特别提示一点，在家玩以上4个“疯狂游戏”时，千万要注意安全！我自己因为带娃疯过头，有过一次教训。

2022年5月的小长假，我在家带着5岁的女儿玩“飞吧，摩天轮”时出了个小事故。家里的地面铺的是瓷砖，我穿着拖鞋，带着孩子“飞”了几圈之后，体力明显不支。在第6圈时，由于速度太快，拖鞋和瓷砖地板摩擦力过大，脚下一打滑，连我带孩子一起朝前冲了过去。那短短一秒，我下意识地做出了将孩子往后撤的动作，而失重后的我，右眼眶直接冲在了墙上，眼镜腿承受了两个人的身体重量。我的眼角被戳伤，眼镜腿被卡断了。大人受点儿伤没关系，关键是孩子吓坏了。

摔倒后，我第一反应是看看女儿有没有受伤，她说没伤着，我才放心！但她一看到受了伤的我，吓哭了。我这才注意到自己的眼角在流血。从那以后，在空间狭小的家里玩这个游戏就被我这个“疯爸”叫停了。

在这里，我也特别提示像我一样“不着调”、喜欢跟孩子疯玩的爸爸们，在家给孩子当玩具时，千万注意脚下安全，离桌子、门框等边边角角远一点儿，减少玩闹时对大人和孩子的安全隐患。我这个小教训，希望成为“玩具爸爸”们的一个警示吧！

3 ~ 6岁　做孩子最好的朋友

在这个年龄阶段，爸爸与孩子最恰当的关系，就是成为孩子的好朋友！

你可以跟孩子一起玩闹、一起哭泣、一起诉说心事，用平等的姿态去帮助孩子、理解孩子，这可以促进孩子全方位地健康成长。

（1）像朋友一样游戏

比如：天气好的时候，和孩子一起去放风筝；准备一堆彩色笔，和孩子一起画画；和孩子一起看动画片，并积极讨论剧情；下雨时，和孩子一起踩水坑；下雪时，和孩子一起打雪仗；跟孩子组成探险小队，让孩子当大队长；跟孩子玩过家家……甚至可以参与他和小伙伴的游戏，忘记自己的大人身份，让孩子觉得，你跟他“是一伙的”。

（2）像朋友一样鼓励

这个阶段的孩子，一般会比较“话痨”，什么大事小情都喜欢说给父母听。如果孩子向你倾诉一些小小的烦恼，不要瞬间摆出爸爸的架子，更不能用“我要求你……”“我告诉你……”“你不能……”等带有警告、威胁、责备的语气和孩子说话。

切记，你现在要充当的角色是“朋友”，朋友的前提是尊重和平等，认真听孩子说话，认真给出建议，孩子才会愿意和你交流自己真正的想法。

（3）像朋友一样聊天

好朋友一定会有共同语言。如果不知道和孩子聊什么，可以试着从他们感兴趣的话题入手，比如“你知道会飞的恐龙叫什么名字吗”“你最喜欢《小猪佩奇》中哪个角色呀”“你知道外星人长什么样子吗”等，通过经常变换一些新鲜话题，打开孩子的“话匣子”，让你与孩子的互动进入一个良性轨道。

（4）像朋友一样分享秘密和保守秘密

所谓“密友”，一定是能分享秘密的那个人。主动与孩子分享一些你的小秘密，比如，你小时候做过的坏事、晚上曾偷偷出去买零食、不小心打破了杯子，甚至在幼儿园拉在裤子里等一些不可对外人讲的囧事。不管这件事有多么小，最重要的是“只有你们两个知道”，甚至连妈妈也不能告诉。

作为对爸爸信任的回报，孩子也会愿意将自己的小秘密作为交换，这样一来二去，钢铁般的“同盟”就可顺利达成。

不要担心与孩子做朋友会让他们越来越没规矩。做朋友的前提，是互相尊重，以平等的方式陪伴孩子成长，只要你能站在双方平等、互相尊重的基础上对孩子阐述自己的想法，孩子也会对你更加信任。

6 ~ 12 岁　做孩子最好的搭档

这个年龄的小小少年，由于拥有了更多的自我意识，个性和脾气都在慢慢凸显，如果感觉孩子与自己越来越疏远，你可以以任务为桥梁，做孩子最好的搭档！

（1）设定目标：和孩子一起去完成一个小目标

搭档最重要的含义，就是两个人有共同的目标，不管这个目标有多么小、多么幼稚。

你可以选择和孩子一起拍个小视频、一起罗列超市购物清单、一起给妈妈做一顿饭、一起把房间打扫干净、一起去完成一块复杂的拼图……在这个过程中，你们可以一起迎接挑战、一起面对困难，一起分享各自的办法，最后一起享受成功的喜悦，即使最后的结果是失败，那也没有什么要紧的，最重要的是，你们一直“在一起”。

（2）平等合作：给孩子更多的时间与空间

当面对共同的“敌人”时，搭档之间的关系会更紧密，形成那种同仇敌忾的感觉。你可以通过与孩子成为队友的方式，来获得这种平等的姿态。比如，和孩子一起参加球赛，一起玩一把桌游，一起参加学习竞赛等，与孩子进行思想交流。

在这个过程中，爸爸一定要控制好自己的情绪，不要轻易对孩子下定义或评价，允许他的一些小冒险和小错误，用感知情绪的方式进行有效沟通。你可以通过任务来激发他的挑战欲，也要让他承担违反规则或任务失败的相应后果。

（3）不要忽略来自孩子的邀请信号

想要成为孩子的黄金搭档，前提是一定要对孩子有足够的了解，能够以他们的兴趣作为切入点，主动打破僵局，深度参与孩子的活动。

如果你的孩子喜欢手工、画画、唱歌、下棋，那就跟他们一起做手工、一起看画展、一起听音乐会、一起学下棋；如果你的孩子喜欢足球、航模，那就带他们去天文馆、体育馆、博物馆，接触的时间长了，你自然会跟孩子产生共同话题，这样你才有机会成为被他们信任的黄金搭档。

如果说**妈妈是孩子的安全基地，爸爸就是孩子的自信之源！**只要你按我说的去做，找对方向，再淘气的孩子都会成为你的宝藏娃。

12 岁以后 做孩子最好的教练

当孩子升入中学，进入青春期，随着他们的自我意识增强，爸爸的角色也要随之调整，从以往的“全能型家长”向“教练型家长”转变。

什么是教练型家长呢？

其一，对于孩子的事，只有建议权，没有决定权。如果不是涉及原则的大事，不妨就交给他们自己处理，一件事能不能做、怎么做、什么时候做、可以做到什么程度，都试着让他们自己来定。

其二，适当放手，派他上场，偶有耳语，暗中保护。

如果将孩子比作一辆在高速路上行驶的汽车，爸爸既要做一名教练，也要兼任孩子的导航员和高速路的修路员。当孩子出发以后，为孩子“逢山开道，遇水搭桥”。此时你需要做的，是帮孩子找到方法、控制好车速、提前预判目标和方向、做好岔路口的安全保障，这样才能让他们在安全的范围内有更多的试错机会，为以后积累经验。

其三，给予真实反馈。当问题出现时，少指挥、少唠叨，给予孩子客观、真实的情感反馈，并且传递给孩子一个信号：不管以后遇到什么困难，爸爸都会在这里，做你最坚实的后盾。

总之，要想成为一名合格的爸爸，不仅需要拥有一颗强大的心脏，还要有一点儿小智慧，才能在各种角色间切换自如、游刃有余。

爸爸速成班：方法对了，没有带不好的娃

第三部分

03

第七章

学前孩子如何带

● 看见与回应，是爸爸迅速攻陷娃心的“必杀技”

“孩子越大越不听话，当家长真是太难了！”

在生活中，我不止一次听到这样的感叹。还有一位爸爸在给我的私信中表达自己的苦恼说，孩子在两三岁时乖巧可爱，特别喜欢跟爸爸玩，但随着孩子越来越大，与爸爸的关系也越来越疏远，甚至会故意和爸爸对着干，爸爸说一句，孩子就怼一句，父子关系陷入僵局。

这位爸爸所描述的现象是不是让人感到特别熟悉？相信很多人都有这样的体验，曾经那个总是跟在自己背后叫着“爸爸抱，爸爸抱”的“小甜豆”，突然有一天和爸爸不亲了，越不让他干什么就越要干什么，脾气越来越大，沟通也越来越困难，这让很多爸爸陷入惆怅，难道过去的亲密时光就这样一去不复返了，这就是身为爸爸的宿命吗？

且慢，不要把一切无法解决的问题都归因于“命”。

一个人所有的情绪都不会突然产生，而是有迹可循的，孩子也不例外。当孩子的行为突然改变时，你有没有想过，这到底是什么原因造成的？孩子这么做是想表达怎样的内在需求？

【事件 1】

爸爸正在工作，告诉孩子不要来打扰，但是孩子隔 5 分钟就过去敲一次门，惹得爸爸不胜其烦。

爸爸（愤怒）：“你怎么这么不听话！没看见我在忙吗？”

孩子（委屈）：“我没有打扰爸爸，我只是想和爸爸一起玩。”

【事件 2】

孩子画好了一幅画，想立刻与爸爸分享喜悦，爸爸说一会儿再看，但孩子不依不饶，躺在地上大哭，耍赖不起来。

爸爸（生气）：“你这孩子怎么回事！一点规矩都没有。”

孩子（伤心）：“爸爸不愿意和我玩了，我好孤单。”

你看，其实很多时候不是孩子变了，而是我们被一叶障目，对孩子的真正需求听而不闻、视而不见，所以他们只能用更激烈的动作，甚至负面的行为来表达自己的想法，吸引你的注意，他们只是希望自己能够被你“看到”。

•一个不被“看到”的孩子，会变成什么样

我的一位朋友是一家公司的高管，虽然事业有成，但他特别惧怕亲密关系，总觉得别人对他说的话都不感兴趣，连在公司讲话都非常紧张，内心严重缺乏安全感。

在一次聊天中，他偶然聊到了自己的原生家庭。原来，他虽然是家里的独子，但小时候父母忙于工作，根本没有多少时间陪他。在他的记忆里，父母留给自己的永远是一个侧脸或一个背影，他对父母讲的故事，没有人听；他对父母说的话，总是被敷衍地回应。只有自己表现得很好或取得了好成绩，才能得到父母的笑脸。在幼小的他的眼里，真实的他永远没有被“看到”，他真实的需求永远被忽视，这让他的内心逐渐产生了一个空洞，与家人的关系也逐渐疏远，直到他的世界里终于竖起了一道藩篱，将所有的伤害与温暖一起关到了门外。

这是多么悲哀的故事，但直到今天，它还在无数家庭中频频上演。父母虽然为孩子提供了衣食住行，但孩子内心的荒芜却无人问津。当你有一天抱怨孩子的冷漠和远离时，有没有想过，正是你自己对孩子的无视，才造成了今天的结果？

20 世纪 60 代以来，“何为最理想的养育方式”成了很多研究者和临床心理学家十分关注的课题。其中，美国加利福尼亚大学伯克利分校人类发展学院的戴安娜·鲍姆林德（Diana Baumrind）博士，作为养育风格研究的开拓者，重点研究了父母的养育行为对孩子的发展所造成的影响，结果表明，有两个因素决定了父母养育风格的类型。

→回应：父母对孩子的爱和对其需要的回应。

→要求：父母使用规则和惩戒，要求孩子做出与其年龄相符的负责任的行为。

根据以上两个因素的水平高低，可以形成以下四种不同风格的养育者。

权威型父母：爱孩子同时又要求孩子举止得体的父母；

专制型父母：对孩子很少表现出爱和回应的父母；

溺爱型父母：非常爱孩子但又无法让孩子遵守某些行为准则的父母；

忽视型父母：既没有爱，也不坚定地认为孩子需要承担行为责任的父母。

很多研究证实，拥有高要求和高回应特征的权威型父母，是比较理想的养育者，被他们养育出来的孩子，通常积极乐观、自信独立，在心理弹性、安全感和受欢迎程度上都优于其他孩子。相反，被专制型父母养育出来的孩子，则情绪不太稳定，且很容易被激怒，对待周围的人或事相对冷漠。而被溺爱型父母养育出来的孩子，大多会以自我为中心，缺乏自我控制力，如果是男孩，还可能会表现出冲动和攻击倾向。

表现最差的养育者，就是看似无害的忽视型父母。他们养育大的孩子，在 3 岁时就可能表现出较高的攻击性，在儿童后期则容易出现叛逆、情感冷漠、课堂表现差等行为。

虽然很多人可能会表示“我肯定不会成为那种不管孩子的爸妈”，然而想象是一回事，现实可能是另一回事。尤其是比较“大条”的爸爸，更容易忽视孩子没有说出来的种种信号，将本想靠近自己的孩子越推越远，错过了与孩子修复关系的最佳时机。

•好爸爸指南：迅速“看见”孩子需求的三个关键词

当你开始抱怨孩子越大越不容易亲近时，有没有想过很多事情不是孩子“没有做”，而是你“没看到”？不要用大人的思维去理解孩子的情绪，只有绕过那些迷惑你眼睛的表象，你才能发现其背后可能存在的真相。

第一个关键词：倾听

当孩子向你表达他的想法或感受时，你首先要做的就是倾听。

这句话虽是老生常谈，但总有爸爸在这个环节掉链子。如何掌握倾听的正确方式呢？记住一句话：现场有神，临在当下，做到身在、心在、脑在、意在。

和孩子沟通时，放下手机，把你的身、心、脑、意集中起来，真真正正地关注孩子。说话时注意看着孩子的眼睛，面带微笑，可以不时地点头回应，鼓励孩子把话说完。

如果你确实很忙，可以跟孩子说明情况，但一定不要试图敷衍。孩子的洞察能力是极强的，如果你在敷衍式地倾听，你的孩子大概率会觉察出来。他会觉得“爸爸不够尊重我”，会觉得爸爸没有以一种善解人意的方式，没有以一种共情的方式去感受他内心的声音。

第二个关键词：分享观点

分享观点，不是简单地告诉孩子“你应该怎么做”“你要怎么做”，而是要动脑子去回应孩子，把我们期待孩子怎么做的观点，融在自己的想法当中分享。比如，你想让孩子自己去玩，不要粗暴地说：“你别闹了！自己去玩！”而应该耐心地给孩子说明理由：“爸爸正在忙，你先自己玩，我一会儿去找你好不好？”只有你先认真听见孩子想说的话，孩子才会愿意听从你的话。

第三个关键词：鼓励思考

有一种类型的爸爸最不招孩子喜欢，那就是粗暴专制型的。他们总觉得自己是对的，从不允许孩子表达不同的观点，即使听到了也装没听到。从心理学上来说，这是一种自恋的表现。从教育学上来看，这种爸爸没有真正接纳孩子的每一面，所以对于存在于孩子身上的他们不满意的那些点，故意视而不见。

我在直播间面对众多家长时总说一句话：**我们要珍视孩子，就是要珍视孩子的独一无二。**每一个孩子都有他独一无二的优点，这个优点一定是别的孩子身上没有的，关键是，你作为孩子的爸爸，有没有能力、有没有方法、有没有心境去看到孩子身上的特别之处。

这就要求我们在和孩子相处的过程中，要看到孩子的优势，鼓励孩子独立思考，而不是简单地让孩子顺从爸爸妈妈。

当与孩子出现意见分歧时，我们可以和孩子一起讨论，通过提问的方式，引导孩子自主寻找解决之道；我们也可以什么都不说，只是给孩子一个拥抱、一个关注的眼神，或者向他竖起大拇指，他们就可以从我们的态度中汲取到被关注、理解和支持的力量，此时我们和孩子之间就形成了“此时无声胜有声”的良好沟通氛围。

• 正面回应：爸爸这样说，孩子才会听

弗洛伊德在《性学三论》一书中讲过这样一个故事。

一个3岁的男孩在一间黑屋子里大叫："阿姨，和我说话！我害怕，这里太黑了。"

阿姨回应说："那样做有什么用？你又看不到我。"

男孩回答："没关系，有人说话就带来了光。"

在精神分析理论中，有一句话叫：**无回应之地即绝境。**

对于一个成年人来说，如果缺乏情感回应，会感到沮丧和伤心难过；对于孩子来说，父母的"无回应"或"无效回应"，则会将他们推向黑暗。那么，什么样的回应最有效呢？下面教大家几个可以快速掌握的小技巧。

首先，掌握以下7句暗示法则，让孩子能够瞬间听懂，他会越来越优秀。

（1）当孩子闷闷不乐时

不要说："别哭丧着脸，又没什么大事，这么没出息。"

应该说："今天你有心事啊，需要爸爸帮忙吗？"

（2）如果孩子总是在打扰你

不要说："别烦人，你能不能安静一会儿？"

应该说："你自己先玩一会儿，我一会儿就过来找你。"

（3）当孩子撒谎时

不要说："没有一句实话，长大还得了吗？"

应该说："我相信你想做一个好孩子，你是害怕被责罚，害怕爸爸妈妈不爱你，你才没有说真话的，对吗？"

（4）当孩子不敢尝试时

不要说："你是男子汉，这都不敢吗？"

应该说："爸爸相信你能行，等你准备好，咱们一起试试看！"

（5）当孩子打了别人时

不要说："怎么能打人呢？总给我惹事！"

应该说："你很有正义感，下一次啊，你不喜欢的东西，可以说给爸爸听。"

（6）当孩子弄坏东西时

不要说："这么不小心，这多贵啊！下次再也不给你买了！"

应该说："来，咱们看看，能不能把它修好！"

（7）当孩子用哭来达到目的时

不要说："哭有什么用？再哭，我就不要你了！"

应该说："我知道你很伤心，可以先哭一会儿，等你平静了，咱们一块想办法。"

其次，学会在细节上给予孩子有效回应。

相信在爸爸妈妈养育孩子的很多守则中，有这样一条：要多夸奖、赞美孩子。但赞美也是有方法的，如果夸奖的话太虚假、空洞，就别怪孩子不买账了。正确的正面回应应该是什么样的呢？

举个例子，当孩子给你送了一幅画，你不要立刻说："画得真好啊！""你好厉害啊！"，而是先仔细观赏这幅画，再关注作品细节："哇，你这个太阳公公还画着笑脸呀”“这条河流还波光粼粼呀”“你居然把妈妈的长发画得这么美！”“这个风筝居然是你最喜欢的艾莎公主呀！”

看到了吗？**当你在关注细节时，其实本身就是在欣赏孩子的作品，是在欣赏孩子的努力、孩子的用心，是在鼓舞孩子的用情。**即使你没有说出具体的夸奖，但你的反应已经说明一切。

最后，每个孩子都是一块未经琢磨的璞玉，他会被打磨成什么样子，取决于你“看见”和“回应”他的方式。

你批评，他们将学会指责；你恐惧，他们将学会忧虑；你怜悯，他们将学会自怜；你羞辱，他们将学会自责。

同时，孩子也是这个世界上最纯洁的“天使”，只要你愿意去用正确的方式理解，他们也会立刻收起身上的尖刺，用最柔软的心重新拥抱你。

让大脑放松一下

“疯爸”养育金句：

- 无聊和发呆，恰是滋养孩子想象力和创造力生长的契机。
- 别把孩子塞得太满，父母要学会给孩子留白。
- 着迷，是孩子最好的朋友；热爱，是孩子最好的老师。
- 运动，是激活孩子大脑的最好方式。
- 在和孩子相处的过程中，妈妈的角色偏“守”，爸爸的角色会偏“放”。

- 爸爸带娃运动，可以提供安全性高的冒险环境，与妈妈提供的安全感形成互补。
- 妈妈是给孩子打造边界感的，而爸爸天生是用来打破边界感的。
- 孩子的 3 个关键时刻：Aha Moment；Key Moment；Awaking Moment。
- 上课时的“走神”或“白日空想”，具有重要的价值，这不是普通意义上的浪费时间。
- 榜样之美：身教 > 言传；身教 = 榜样；言传≈唠叨。

上周，我正在家为“屏幕时间”的话题做课程准备，友友百无聊赖地晃到我身边，要求我陪他玩。我感到愧疚，因为我这周安排得非常紧张，所以陪伴他的时间比较少。于是，我放下手里的资料，把他拉到身边对他说：“很抱歉！爸爸好久没有和你一起玩了，但因为明天直播，我的思维导图还没做完，只能请你再多等待一会儿好吗？”

自认为安抚完毕之后，我继续读书，寻找资料。儿子则在旁边心神不宁，一会儿翻翻书，一会儿趴在沙发上哼哼：“我好无聊啊，爸爸陪我……我好无聊啊……”

他的表现让我心底涌起一股烦躁，再也无法安心看资料了，无奈第二天要上播，我只好请他离开我的房间，去外面客厅等我。没多久，儿子的“哼哼”声消失了，世界终于回归了平静，我很开心地继续翻看起资料。今晚一定要搞定……刚要深度沉入知识的海洋遨游，忽然，门把手扭动了一下，我抬头一看，正撞上一道犀利的眼神，妻子面带愠色地瞪着我说：“你怎么让孩子一个人待在客厅？我本来以为你在陪他玩，结果我从房间出来，看见他一个人靠在沙发上愣神，我走到他跟前他都没有发现。让你陪伴孩子怎么就这么难？”

我赶紧解释，刚才是在工作，而且让孩子自己玩一会儿也不是坏事，可以给他们一些独处的时间和自由探索的机会。没想到，妻子听了更加生气：“什么独处的时间，我看你就是找借口！你没听见他一直在喊‘无聊’吗？我陪他玩了一天，实在没办法了，才让他过来找你，你倒好，直接把他晾到一边去了。你听，客厅这么安静，肯定是又去玩手机了。”

我想找出一些理论去说服她不要这么紧张，但想了半天也不成体系，只好用事实说话，拉着她一起偷偷摸摸地溜进客厅，只见儿子正跟他的玩偶们一本正经地打地道战：他床上的被子和枕头，还有刚晒干的床单被罩，已经统统用做了堡垒搭建，客厅俨然成了他坚不可摧、誓死保护的阵地。

看到妻子惊讶的样子，我趁机说道：“其实孩子并不像我们想的那样，时时都需要陪伴。你还记得吗？上次我们跟朋友在餐厅聚餐，孩子们吃完饭觉得无聊，就自己想办法发明了一个游戏，把‘捉人’和‘狼人杀’结合起来，还拉着我们一起玩。”但妻子叹了口气，说：“你不知道，他前段时间迷上了一个手机游戏，天天吵着要玩，要不是我强制把手机收起来，天天陪着他玩，把他的时间全部填满，没准儿他早就变成一个网瘾儿童了。所以，现在一看见他自己玩我就焦虑，这次只是凑巧罢了。再说，孩子的同龄玩伴本来就少，要是总一个人发呆，我怕他太孤单了。”

妻子的话不是没有道理，我们谁也说服不了谁，我刚想再说点什么，忽然，儿子抬头看到我们，眼里的不知所措一闪而过。

我对他笑笑：“挺好挺好，你继续，我忙完就来加入战斗！”

儿子“耶”地欢呼一声，和他不会讲话的小伙伴们又投入了看不见的硝烟中。

回到写字台前，我琢磨着刚才的情景，正好在刚翻开的新书《屏幕时代的养育》中，看到查普曼博士说的一段话：“停机时间……在一次充分的体育锻炼后，肌肉需要一段时间的休息来恢复，对吗？大脑也是如此。这并不是因为大脑感到疲劳，而是因为它需要在进行下一个任务前花些时间处理和巩固刚刚收到的信息。孩子们的这种‘停机时间’却经常被屏幕时间挤掉。你孩子的大脑需要不时地放松一下。当孩子说‘我很无聊’的时候，这其实对他的大脑有好处。”

这个新发现让我有些兴奋，仔细回想了一下，以前孩子们说“无聊”时，只要我有时间，基本都会起身陪他们一起玩，没有时间的时候，我也常常让他们自己去读书，但最后他们都会找出自己喜欢的游戏。这种创造力在成人身上，已经很难见到了。

按照查普曼博士的说法，当孩子们感到无聊，即处于大脑停机时，是大脑休息的时间，那么这时是否也是孩子的创造力开启的时刻呢？

对于这个发现，我决定乘胜追击，再去找找相关的科学依据，看看孩子的大脑放空与他们的创造力之间究竟有什么关系。

• 当我们的大脑处于空闲状态时，它究竟在做什么

华盛顿圣路易斯大学的神经科学家马库斯·雷切利及其同事经过数年研究发现，大脑在放空时的功能和记忆密切相关：大脑中负责记忆的海马体为我们提供日常的种种记忆片段，并让我们产生看似无意义的“白日

梦”，再由默认网络——包括内侧前额叶（MPFC）、扣带回后部（PCC）以及邻近的楔前叶、前扣带回腹侧（vACC）的神经网络，对这些记忆片段进行再整合，以便为未来的行为提供参考。

达特茅斯学院的玛利亚·梅森教授也利用功能核磁共振成像技术，从生理角度证实了马库斯的这一观点：当人们大脑放空时，默认网络也随即活跃起来。

不过，产生“白日梦”只是默认网络为我们做的一个小小的“举手之劳”，据斯坦福大学迈克尔·格雷瑟斯教授的进一步发现，当人们的大脑处于休息状态时，不同的神经元不再随机无规律地波动，而是呈现一种有规律的“共振”，使不同的大脑区域开始形成统一活动的单元。

这种模式同样存在于睡眠状态，这就意味着，默认网络参与着记忆的筛选工作：哪些有意义、哪些有威胁……由于这些工作与我们密切相关，所以默认网络随时待命，抓紧一切时间积少成多地处理大量的短时记忆信息。关于这一点，有一个最有力的佐证：如果我们一整天不停地刷短视频，完全没有放空的时间，就会无法集中注意力，记忆力也会大幅下降。这就是因为，我们完全没有给默认网络留下工作的机会。

因此，**大脑放空可以让我们获得很多好处。**比如，一次 5 分钟的发呆，一方面可以帮助我们减轻压力、集中注意力；另一方面，由于人在发呆时呼吸平缓，有利于缓解焦虑不安等负面情绪。**更重要的是，放空大脑还有助于人们提高创造力。**

就像我们会在梦中获取灵感一样，当人体处在放空状态下，大脑并不会随之宕机，而是开启后台运行模式，让大脑中的不同神经发生碰撞，这种随机运行的机制就会创造出很多意外，给我们带来“灵光一闪”的创意和惊喜。

从这个角度来说，孩子在上课时的“走神”或“白日空想”可能具有重要的意义，而不仅仅是我们惯常所理解的浪费时间。

可惜的是，每次看到孩子们停下来，或者喊“无聊”时，很多妈妈都会感到紧张。在我的直播间里也常常有妈妈问我：在这种情况下，是不是可以给孩子放个音频学习资料磨磨耳朵，让他们无意识地学点儿什么？有的妈妈恨不得在孩子睡觉时都给孩子听书，希望孩子一醒来就可以记住睡梦中学过的内容。

让大脑无休止地工作，不让它停机，我们的默认网络就无法开启，孩子们的想象力与创造力也随之被扼杀在了摇篮之中。

不过，这就又出现了一个难题，孩子是最怕无聊，最坐不住的，仅一个“放下手机”就已经让父母焦头烂额，还要让他们自顾自“发呆”，岂不是天方夜谭？

先别急，要想让孩子的大脑拥有停机时间，并不一定要“静悄悄”。

2010 年，瑞典科学家彼得·弗兰森等人发现，儿童默认网络的开启模式与成年人有所区别，他们的默认网络更多地汇聚在感觉和运动皮层上。这就意味着，如果我们想提高孩子的专注力、想象力、创造力，很简单，比起让孩子参加各种补习班，不如带着他们去运动！这时候，就是爸爸们最好的上场时间啦！

我家两个孩子，大宝 10 岁，二宝 7 岁，他俩都长期保持着运动的习惯，而且俩人还各有各的“绝活儿”。大宝二宝都是从五六个月大开始婴儿游泳的，对于他们在这个阶段的运动，我的目标很简单，就是增加孩子的肌肤和水流之间的接触，通过水压对孩子的皮肤、血管、心肺、肠胃进行按摩，增加肠胃蠕动、刺激皮肤和血管；从他们 3 岁开始，我给他们分别报了体能班，每节课上，教练会带着 6 ~ 8 个孩子练习平衡车、过独木桥、在软垫上蹦跳，对于这个体能班，我期待的是锻炼孩子的心肺能力，通过专业教练引领孩子感受集体协作、赛场上的轻压力，以及教练在团队中给出的规则感。

当然，我心里还有个“小九九”：运动、流汗，可以让孩子吃得多、睡得香、拥有更好的精气神儿；两个孩子从 5 岁开始，都各自专注在了一个运动项目上：大宝打乒乓球，3 年多下来，他一直在参加专业的乒乓球兴趣班，有专业人士到球馆指导；二宝学习舞蹈，看着她在舞蹈室里专注认真的眼神，我就知道她对舞蹈是真的喜欢。我始终相信：**着迷，是孩子最好的朋友；热爱，是孩子最好的老师。**

作为爸爸，我所能做的就是抽出时间陪伴他们去上课、给他们鼓劲儿、课间给他们送去零食和水、他们上课时我在场外偷偷地给他们拍摄照片和视频。我相信，坚持陪伴，本就是最好的鼓励和支持。

值得一提的是，友友和好好的体能课运动项目都是他们自己主动选择的。这种主动，是到目前为止最让我骄傲的地方。他们不仅在运动场上取得了不俗的成绩、收获了自信、练就了好身体，还交到了好朋友。当然，这些都不是我最在乎的，我看重的，是他们在运动场上挥汗如雨时的那份投入和专注。是的，这就是运动最大的魅力所在。

• 运动，是激活孩子大脑的最好方式

著名脑科学家洪兰教授说过，**激活孩子大脑最好的方式，就是运动。**

当人在运动时，神经传导物质多巴胺、血清张素、肾上腺素等的分泌

被刺激，而这些物质正是促进神经连接的关键。多项数据显示：9 岁儿童运动 20 分钟，读解能力可以有显著提高；十几岁的儿童仅仅慢跑 12 分钟，就可以保持将近 1 小时注意力高度集中状态，这一结果与我们前面所说的开启孩子的“默认网络”殊途同归。

在运动方式的选择上，最好选择走出家门进行的运动，比如：和孩子去户外比赛跑步、和孩子一起去小区楼下的健身器材、找个场地和孩子一起玩各种球类等，如果空闲时间多，还可以带孩子去逛博物馆、图书馆，去城市周边旅行等。如果这些都做不到，那每天晚饭过后带孩子一起出门散散步总可以吧？

如果没有条件出门，可以让孩子在家里帮忙做些家务。不过，这里所说的“家务”，并不是让孩子帮忙扫地、擦桌子等，在我看来，这些不叫做家务，而是“做样子”。

真正的家务，是可以让孩子在做家务的过程中感受到成就感，让孩子的成果能够看得见，并且全家都可以去感受和享用他的成果。比如让孩子做道菜，和孩子一起烤个面包等，哪怕是最简单的一种，都是可以的。

除此之外，还有最重要的一点。我见过很多人，强迫孩子运动，把孩子送到各种培训机构，即便孩子不愿意或身体不舒服，也不分青红皂白让孩子用毅力去坚持。“疯爸”想说，这叫作被动锻炼，不仅不会开启孩子的潜力，反而会让他们产生排斥心理。

那么，最好的方式是什么呢？就是父母陪着孩子一起运动，尤其是爸爸的陪伴最为重要。这里讲一个我的故事。

2022 年 6 月开始，我成了一名跑者，每周坚持跑 3 ~ 4 次，每次 5 公里。10个月后，我已经跑完了2个半程马拉松。两个孩子受到了我的感召，每个周末都会跟着我去体育公园，我跑5公里，两个孩子骑车5公里。每次运动完，他们身心愉悦，除了挥汗如雨、大口喝水，他们的表达能力也得到了提升，回到课桌前学习时的专注力也开始表现得高于其他人。

每个周末，只要天气好，我们一家人在小区附近还有个“秘密基地”，我们一般会骑车前往，随手带着跳绳、轮滑鞋，还有接力棒。一般是我们4人围成一个300米的大圆圈，之后进行接力跑，可别小瞧这个游戏，它真的可以充分调动孩子的反应速度和配合能力。

相信我，对孩子而言，只要动起来，就是美妙的。不要带着任何目的去运动。有的父母为了让孩子取得成绩、奖牌、名次而让孩子去运动，甚至还有一些父母让孩子拿奖牌是为了自己的面子。要知道，比起孩子有个好心情、好身体，你在饭桌上吹嘘炫耀的那些奖牌、成绩等，真的不重要。

父母们，尤其是爸爸们，如果你已经读到这里，“疯爸”想对你说：别再沉溺于手机游戏了，运动起来！从现在开始，别“躺平”，做孩子的榜样；改变自己，用行动影响孩子。

从生理角度来说，爸爸和妈妈天生不一样，男性在体育方面有着天然的优势，他们的运动神经通常比较发达，也更乐意流汗。在选择运动种类时，妈妈出于安全考虑，与孩子玩的方式会更加模式化，孩子的兴奋度较低；而爸爸偏向于带孩子做更具有冒险性、更激烈、更有竞技性的运动，比如摔跤、捉迷藏、打球、爬山等。

很多妈妈经常评价，爸爸带娃会跟孩子一起“玩疯了”，然而，正是在这种“疯”的状态下，孩子的大脑才会进入一种深度放空的境界。在运动时，爸爸表现出来的坚毅和果敢，也会影响孩子，并使孩子从中习得如何协调身体的平衡性和耐性，以及坚强勇敢、百折不挠的探索精神，这些，都将给孩子带来无限可能。

从心理角度来说，在与孩子相处的过程中，**妈妈偏“守”，**在天然母性光环的加持下，会不由自主地产生控制感，一旦孩子不在视线范围内，或发生了一些小的磕碰，妈妈就会不由自主地焦虑，孩子在这种无处不在的“妈感”围绕下，虽然很有安全感，却也容易一遇到挫折就哭着“找妈妈”；相反，**爸爸偏“放”。**比如，在孩子运动的过程中，妈妈说得最多的一句话是“小心”，而爸爸可以接受孩子有较长的不舒服的时间，他们会更多地鼓励孩子：“要不要试一试”或者“不要紧，坚强一点儿”。

相对于女性来说，男性是天生的游戏好手，他们可以放下身段和孩子打成一片，也可以随时变身为动画片里的各种角色，甚至与孩子在地上滚作一团，这种毫无“大人样儿”的形象，通常会让妈妈们嗤之以鼻，却颇得孩子们的欢心。

• 爸爸的存在，是一种特别的力量

著名心理学家格尔迪说过：“父亲的出现是一种独特的存在，对培养孩子有一种特别的力量。”对于孩子来说，与爸爸一起运动，可以为孩子提供一个安全性高的冒险环境，这正好可以与妈妈提供的安全感形成互补。

不过，还要补充一点，当爸爸们带娃运动时，疯狂之余，也要按照孩子的成长规律做出最佳选择，避开以下误区。

误区一：运动过量

由于体力优势，很多爸爸和孩子在一起时容易越玩越兴奋，常常忘记了时间，但还在发育的孩子却会感觉浑身酸痛，下次再也不想玩了。在项目的选择上，爸爸也要了解孩子当前的身体素质，避免运动伤害。

误区二：违背孩子的意愿

和孩子一起运动时，主体是孩子，而不是大人。不要因为孩子的兴趣与自己的不一样，就强迫孩子服从自己的选择，比如：孩子想去滑轮滑，你非要拉着他去跑步；孩子想参加打乒乓球之类的小球运动，你非让他去参加打篮球、踢足球之类的大球运动。久而久之，孩子兴趣寥寥，运动效果也会大打折扣。

误区三：三天打鱼，两天晒网

比“丧偶式育儿”更可怕的是“诈尸式育儿”，有些父亲说好陪孩子运动，坚持几次就不了了之，这会让孩子觉得运动是一件可有可无的事情。

总之，用一句话来概括，妈妈的角色是给孩子打造边界感的，而爸爸是用来打破边界感的。这句话看似矛盾，实则相辅相成，概括了父母在育儿这件事上的合理分工。正是这种矛盾感的存在，让母亲的育儿成果，加上父亲的深度参与，产生了 $1+1>2$ 的效果，这对于孩子以及整个家庭的发展都有深远的影响，甚至可以创造奇迹。

所以，各位奶爸们，加油吧！

玩耍也是严肃的教育

"疯爸"养育金句：

- 我们应该培养孩子学习的能力，而不是培养他们学习的姿态。
- 尽可能创造条件让孩子多一点"疯"的机会，多一些"野生"的状态。
- "玩"不是洪水猛兽，"会玩"≠不上进≠荒废学业≠没出息。
- "学习"是终身要做的事情，应该是一种贯穿一生的旋律。
- 创造条件让孩子多一点"疯"的机会，多一些"野生"的状态，才能让孩子心智统一、更加坚定、安全感和能量感更足。
- 玩耍是孩子的语言，父母要学会用游戏与孩子对话。
- 玩耍也是教育的重要一环。沉浸式玩耍的目标：让孩子"自己试一试"！
- 玩，是激发孩子潜能和创造力的绝佳方式。
- 爸爸带娃，看似粗枝大叶，对孩子的成长却是另一维度的助力。
- 别担心孩子"傻玩傻乐"会变笨，恰好相反，聪明的孩子都是玩出来的！
- 最高级的教育，不是如临大敌，不是步步紧逼，而是需要加入一点松弛感。

很多熟悉我的朋友都知道，我带娃有个重要的理念，就是从来不"鸡娃”[①]。别人家的孩子从三四岁开始，就奔波于各种兴趣班之间，学钢琴、学舞蹈、学奥数、学编程，样样不落，行程安排得比大人还满，但我家孩子周末除了参加一两个运动兴趣班，其余时间一直处于“放羊”的状态，我每个周末所做的，就是绞尽脑汁、想尽一切办法带着孩子去疯、去野、去玩。

这种状态一度让妻子非常焦虑，生怕再这样“疯”下去，孩子会输在起跑线上，她立刻加入了“鸡娃”群，和同样焦虑的父母一起交流“鸡娃”方法。结果没过多长时间，孩子就跑过来向我哭诉，说自己压力很大、学习好累。看到无助的孩子和快要崩溃的妻子，我什么也没说，只提出了三个问题。

你是真的担心孩子的前途，还是想缓解自己内心的焦虑呢？

你是想让孩子被迫去做自己不想做的事，还是想给他一个快乐的童年呢？

你是想让孩子提前几年学到以后肯定会掌握的知识，还是想让他永远丧失对学习的热情呢？

我很理解如今人们努力“鸡娃”的理由，但是你那么努力，就一定是对孩子好吗？

很多人把“玩”看作洪水猛兽，但“会玩”≠不上进≠荒废学业≠没出息，更不要把玩与学习或教育对立起来。

我认为，教育的本质应该是给孩子提供综合的体验机会和多元化的选项，而不仅仅是应试，学习的内容也不应仅局限于课堂和书本。对于孩子

① 网络用语，指父母为了让孩子取得好成绩，不断为孩子安排学习和活动，不停地让孩子去拼搏的行为。

来说，“学习”是终身要做的事情，应该是一种贯穿一生的旋律，它可以存在于多种不同的场景，呈现不同的形式。我们应该教给孩子的是学习的能力，而不是学习的姿态。

尤其对于 3 ~ 7 岁的大脑尚未发育成熟的孩子来说，学习力的发展应该是多方面成长的结果。张弛有度、寓教于乐，学会创造条件让我们的孩子多一点“疯”的机会，多一些“野生”的状态，回归人类自然情境去感受、去学习，才能让孩子的整个心智活动达到统一，才会让他们的心更坚定，安全感和能量感更足。这种内心充盈的感觉将会伴随孩子一生，在他们遭到困难、遇到挫折时为他们提供源源不断的能量。

• 玩耍是孩子的语言，用游戏与孩子对话

玩耍是孩子的天性。其实，不只是孩子，几乎所有哺乳动物的幼崽都喜欢玩耍。比如，幼猫会模仿父母捕猎的姿势，悄悄接近一根绳子；两只小鹿会模仿大鹿角斗的样子嬉戏等，虽然看上去它们在玩，实际上却是在学习生存技能。

同样，对于孩子来说，玩耍并不只为了娱乐，而是一项极有意义的活动。

著名儿童心理学家皮亚杰认为，童年时期是孩子认知发展的关键时期，游戏是他们的日常活动，也是教育他们的最佳途径。在他看来，玩耍不是一种孤立的活动，而是思维活动的一种表现形式，可以对原有知识技能进行练习和巩固，帮助儿童达到智力上的平衡和情感上的满足，从而使他们更加适应现实世界。

根据儿童认知发展的不同水平，皮亚杰将游戏按孩子的年龄段进行了划分。

（1）练习游戏（0 ~ 2 岁）

这个阶段的幼儿正处于感知运动阶段，游戏表现为不断重复习得的动作或活动，比如对悬挂着的玩具感兴趣，幼儿通过反复抓取、丢开，体验运动机能带给他们的愉快，这个阶段也被称为练习性的游戏阶段。其作用是巩固已获得的技能，并重新组织已经掌握的动作。

（2）象征游戏（2 ~ 7 岁）

这个阶段的幼儿处于前运算阶段，语言能力已经得到了很大提升，此时形象思维占主导地位。于是，他们获得了进行象征游戏的能力，开始通过象征性的物品满足自我情感方面的需要。“过家家”，跨在爸爸脖子上“骑马”，躲进被子里探险等都属于象征游戏，根据他们的游戏内容，父母可以预测或推断出他们当下的心理状态，并找到相应的教育方法。

（3）规则游戏（7 ~ 11、12 岁）

到了具体运算阶段，随着儿童的语言及抽象思维能力的发展，他们开始在游戏中加入规则，发展出有组织的集体游戏。在这个阶段，虽然他们常常因外部刺激出现忘记或破坏规则的现象，但规则意识已经在他们心中深深扎根，同时，他们还能用规则约束所有参加游戏的成员。

玩耍也是教育的重要一环。尤其当孩子处于幼儿期时，他们的生理功能发育不成熟，没有语言组织协调能力，游戏本身就是孩子表述自身观念，传送信息的独特方法。“玩耍”可以帮助孩子探索知识、发展兴趣、培养天赋，在幼儿成长中起着特殊的教育作用。

• 沉浸式玩耍：让孩子“自己试一试”

当了爸爸我才发现，孩子的成长速度简直可以用光速来形容，仿佛他们昨天还只是个吃奶的小婴儿，今天就变成了一个抓都抓不住的“调皮鬼”，对什么都充满好奇，什么都想自己去摸一摸、碰一碰。在那段时间里，家里出现频率最多的语言就是“这个不能吃”“这个不能碰”“这个不能拿”，但总是适得其反。

有一次，我刚给自己冲了一杯咖啡，友友闻到了，也想喝一口试试看。奶奶见状立刻喝道：“那是大人喝的东西，里面有咖啡因，小孩子不能喝！”孩子哪里听得进去，立刻哭闹起来。我知道，友友馋这杯咖啡已经很久了，我把杯子递到他嘴边，说：“那你喝一口试试吧！”没等奶奶阻拦，孩子立刻喝了一口，但马上又吐了出来，咧着嘴说：“好苦啊，真难喝！”从此以后，他再也没对我的咖啡产生过一点兴趣。

这就是**爸爸带娃的优势之一，看似粗枝大叶，对孩子的成长却有着另一维度的助力。**有些时候，让孩子在安全范围内，用“玩”的态度沉浸式体验生活，可能比你说上一百句都管用。

更重要的是，我们还可以利用这种思路，将你想教给孩子的道理，融进日常生活，用更自然、更具趣味性的方式对孩子加以引导，比如：在孩子洗澡时，不要禁止他玩水，而是把不同材质的玩具放在水中，让他感受浮力的大小；当孩子偶然在树下发现一棵长出的蘑菇时，不要立刻厉声禁止：“蘑菇有毒，摸了就会死！”而是像寻宝一样，与孩子一起研究蘑菇的生长环境、观察蘑菇的形态特征，带孩子感受自然界生命的力量，还可以借机买一本《DK 儿童科学百科全书》与孩子一起研究一番；当孩子非常想买一个东西时，不要留他在一旁等待，而是把钱交给他，让孩子自己去买，告诉他不同面额纸币的意义，同时间接培养孩子的财商……

玩，才是激发孩子潜能和创造力的绝佳方式。真正有效的教育，并不需要带着那么强的目的性。当你没有任何期待和安排，只是纯粹地带着孩子玩耍，让孩子亲身体验由此带来的快乐和连接时，你也许会惊讶地发现，原本怎么说都不听的孩子，竟然开始与你合作，很多有挑战性的问题也迎刃而解。

• 在玩耍中，有针对性地调整教育策略

教育孩子离不开一个重要理念，叫作“因材施教”，就是根据每个孩子的个性、天赋、兴趣等，采取差异化教育方法。在学校，老师可以根据孩子的学习成绩与平时表现，快速了解每个孩子的天赋点和成长差异。但是对于幼儿时期的孩子来说，由于他们的思想行为还没有受到严格规范，父母要想识别他们独特的个性和潜能，就没有那么容易了。

要想抓住这段成长空白期，最好的办法就是观察孩子在玩耍中的表现，了解孩子的性格、思维习惯，从而有针对性地调整教育策略。

比如，我们可以带孩子野营、采摘、踏青等，如果他们对于观察自然很有兴趣，能够放弃诱惑安静地沉浸在自己的世界里，说明他们在观察能力和专注力上有很好的表现；如果孩子与其他孩子打成一片，说明他们具有很好的社交能力；如果孩子精心收集各种花朵或石头，说明他们可能在动手能力上有着独特天赋……

只要你用心观察，无须别人特别提醒，就可以对孩子的个性特点有一

个大致的判断。如果发现孩子在哪方面表现得不尽如人意，你还可以通过设计个性化游戏，对问题进行针对性解决，开启激发潜能和后天智慧的大门。

举个例子，如果你发现孩子任性、爱发脾气，可以和孩子玩“生气魔毯”的游戏：先假装生气，然后把一块围巾盖在脸上，每次扯下围巾都要做一个不同的表情，比如伤心的表情、害怕的表情、惊恐的表情、大笑，等等，这既能帮孩子认识情绪，还能顺利排解掉孩子的负面情绪。

如果孩子好动、坐不住，那么他的大脑需要更强烈的感官刺激，精力需要释放，这时可以让他多做一些攀爬、跑、跳、蹦的游戏，比如冲刺跑、蹦床、跳绳、跑步等，还可以让他多做一些球类游戏，比如抛接球、投篮等，这些活动可以刺激他的前庭发育，提高他屏蔽干扰信息的能力。

如果孩子注意力差，总像没听见你说什么一样，或者反应慢，可以跟他玩“猜词”游戏：由爸爸念词语，如凳子、课桌、洗衣机、篮球、电视机、自行车、书包、电冰箱、作业本等，让孩子在听到“电器”时，就马上举起右手；在听到“学习用品”时，就马上举起左手，以此培养他的专注能力。

• 以玩耍为媒介，与孩子进行启发性沟通

给大家讲一个我们家大宝的故事：友友一直有一个梦想，就是开个玩具店。每次走到小区门口，他都会指着路边的商铺说：“爸爸，我们可以在这里开一个玩具店，这样我就每天都有不同的玩具玩了。”直到我带他去了一次环球影城，他的梦想就变了。有一天，他突然跟我说：“爸爸，我的梦

想现在特别坚定，就是要开一家比环球影城还大的游乐场。”

我借坡下驴，说：“那到时候你的玩具店怎么办？”

友友说：“我原来的目标是开玩具店，开玩具店之前，我先开超市赚钱；等有一天玩具店做大了，我转交妹妹经营。我就有时间去开游乐场了。”

我煞有介事地补充道：“那你想好了吗？你打算给你的玩具店和游乐场起个什么名字啊？”

他想了半天说：“玩具店就叫‘友＋好玩具店’怎么样？既表示是友友和好好两人开的玩具店，也是‘有家好玩具店’的谐音！游乐场的名字嘛，我以后再想……”

看他那么有劲头，我立刻回复：“不要等以后了，我们现在就开始开一个游乐场吧！”随即，我拿出来一支画笔，对他说：“从现在开始，你就是游乐场的董事长，我来担任你的助理！”孩子非常兴奋，立刻进入角色，开始跟我一起头脑风暴，讨论游乐场的选址、要入驻的动画人物、要种哪些花……友友不仅和我一起规划了未来的商业路线图，最后还把自己梦想中的城堡用积木搭了起来。

在我看来，为人父母就是要把孩子的“胡言乱语”和“天马行空”真正听到耳朵里、放在心里，把自己变成一个充满童趣和幻想的“孩子”，给孩子提供尽可能多的帮助。

反观有些家长，面对孩子此类不着边际的想法，他们的回应可能是“开啥玩具店，开啥游乐场，你就是想天天在里面玩是吧？不务正业！先把你的学习搞好再说”，每每想到这些，我都替这些孩子喊冤：大人真无趣！

不要担心孩子整天“傻玩傻乐”会变笨，其实恰好相反，聪明的孩子

都是玩出来的。前提是，我们有没有发现孩子的闪光点，并进行正确的引导和启发性沟通。试着从孩子感兴趣的方面出发，用游戏的方式，引导他自己去观察和思考问题。简单的陪伴也能让乐趣和成就感爆棚。

保护孩子的童真、呵护孩子的天真烂漫、帮助孩子将理想变成现实，或者适时地将孩子的理想迁移到当下的重点任务上去，这才是现代父母应该给予孩子的最佳陪伴。

记住：**高级的教育，不是如临大敌，不用步步紧逼，而是需要加入一点松弛感。**请放下过高的期待和焦虑，成为孩子的引路人和托底人，而不是紧皱眉头，永远拿着小鞭子驱赶孩子，这样才能在真实和轻松中，迎接孩子成长带来的惊喜和回报。

● 陪孩子做几件“危险”的事

“疯爸”养育金句：

- 成长需要多样性；冒险，对孩子的成长而言是不可避免的。
- 学会放手，打开认知和胆量的天花板。
- 自我保护能力，是人类的一种本能，孩子也同样具备。
- 没有哪个孩子可以绕过“体验”而直接获得经验。
- 与其因噎废食，不如未雨绸缪。
- 永远别忘记，孩子会把事情搞砸，这本就是教育的重要一环。
- 让孩子“小小地打一架”。通过有对抗性的游戏，让孩子了解人与人之间的特别互动，教孩子掌握自我保护能力及规则意识，学会处理攻击与合作。

- 爸爸陪娃疯的 12 字方针：保证安全、科学使用、勇于冒进。
- 为了满足孩子的好奇心，滋养孩子主动迸发的创造力，就算冒点儿险，也值！
- **爸爸的任务不是帮孩子创造一个没有危险的世界，而是帮他们掌握在危险世界生存的能力。**

“小孩子不能爬树”“小孩子不能拿刀”“小孩子不能玩火”……这似乎是所有家庭三令五申的铁律，也是身为父母的一种本能，任何敢对此质疑的人，都会毫无悬念地被口诛笔伐，被扣上“不负责”“不靠谱”的大帽子。

为了让孩子远离危险，每个家庭各出奇招，有的人化身“唐僧”，天天对孩子进行洗脑式安全教育；有的当上了孩子的“贴身保镖”，凡是孩子要去的地方都要提前清场；有的宝妈更夸张，在孩子出生之前，就将家里彻底改装成一个零隐患的“安全屋”……

但是，在我家，这些守则和禁忌就宽松许多。下面我将展示两个有趣的“实战”场景。

场景一：

很多孩子上了小学还不会或不敢使用剪刀、指甲刀，在做手工、贴贴纸等活动中的动手能力远低于别的孩子，家长自然会着急。我们家大宝在不到 3 岁时，就吵吵着要学着大人用剪刀剪纸屑、拆快递。这个时候最简单、最安全，也是最粗暴的方式，就是对孩子说“不”。

但我知道，孩子想学着大人用剪刀，有两个内在需求。

一是好奇心推动，所有的“小孩玩具”他们早玩腻了，就爱玩大人们天天摆弄的那些擀面杖、菜刀、锅碗瓢盆什么的。要知道，在他们眼里，能驾驭这些“大玩具”的小孩才够酷！对于这类事情，我是一点都不紧张的，在孩子提出要试一下大人用的剪刀后的当晚，我就查了各大网站，买了他们喜欢并且安全的儿童塑料剪刀，它可以用来剪纸屑、剪线头，还能偶尔用来拆个快递。这是他们的主要目的，也是拿到剪刀后最引以为傲的“壮举”，因为大人们都在拆！儿童塑料剪刀，就是我选择的安全且小冒险的方式，它在满足了孩子好奇心的同时，还帮孩子建立起“我也能”的自信心。

二是孩子的小肌肉群发育的需求，用剪刀、做手工、做手指操，这些都是孩子的手指精细动作逐渐长成过程中的必然需求，只有通过反复练习、犯错尝试，这些看似无用的“小技能”才能一点一点进步。更重要的，孩子通过使用工具动手做事，同时就是在磨炼心性、滋养脑力。伴随着孩子动手能力的提升，他们的专注力、观察力、注意力，也在慢慢提升。

我知道，对大多数宝妈来说，3 岁前就允许孩子用剪刀这事太过冒险，但**我的 12 字方针是：保证安全、科学使用、勇于冒进。**

想想看，**为了满足孩子的好奇心，滋养孩子主动迸发的创造力，冒点儿险，难道不值得吗？**

场景二：

一位 TED 演讲人，充满好奇、热爱冒险的美国计算机科学家基弗尔·塔利（Gever Tulley），写了一本书叫作《让孩子做 50 件危险的事儿》①，详细介绍了经过严谨科学实验后对孩子没有危险的“小冒险”行为。这本书对我冲击很大，也正是这本书推动我提出了“放手养育”的理念，成就了你们看到的“疯狂爸比”数千条视频内容。这本书里有多件“危险的事”我都带着孩子一起做了。

作为一家之主的老爸，我不仅不带孩子远离危险，还主动把孩子往“险境”送，简直是标准的“坑娃”！

我承认，这些冒险确实看上去有点儿令人紧张，但对于孩子来说，生活在一个绝对安全、受到保护的真空环境之中，真的会让他们远离危险吗？

• 成长是多样性的，危险对于孩子的成长不可避免

为什么很多妈妈不放心爸爸独自带娃呢？一个很重要的原因就是：爸爸对周围危险的感知力太弱了！

不知道爸爸们是真的“心大”，还是对孩子的自主能力有绝对信心，他们做出的事情经常让妈妈们胆战心惊。反观妈妈们对危险的警惕程度，就比爸爸高多了：吃饭时，会提醒孩子别呛着；走路时，会提醒孩子注意脚下；玩耍时，会提醒孩子别从高处往下跳……任何一点儿有可能对孩子的身体造成威胁的状况，都会被妈妈像“排雷”一样一一排除。

然而，孩子总是好动的，为了降低孩子遇到危险的概率，很多妈妈喜

① 该书中列举的“危险的事”，有的确实存在风险，家长们在选择尝试时应慎重，确保孩子的安全。——编者注

欢带孩子去儿童乐园，那个到处被海绵、泡沫包裹着的城堡，是一个令她们安心的所在。然而，一项研究结果可能会让妈妈们大跌眼镜——游乐场那种“软软”的质地，不仅不能降低孩子受伤的风险，反而可能增加他们受伤的概率！因为孩子会默认周遭的一切都是软软的、安全的、没有威胁的。

无独有偶，来自英国伦敦密德萨斯大学的危险管理教授大卫·鲍尔（David Ball）研究发现：儿童使用的“护膝”“护腕”等一系列“护娃神器”，非但没有降低儿童在玩耍时的受伤率，反而会增加孩子骨折的风险！

究其原因，竟然是游乐场、“护娃神器”等营造出来的环境过于安全，降低了孩子们对危险的警惕性，使他们逐渐失去了对危险的感知。他们习惯了这种 360 度无死角的保护，一旦暴露在真实世界之中，反而会因为不知惧怕而陷入一种更加危险的境地。

除了不断变化的外部环境，孩子本身也是一个无法控制的变量。

你以为自己天天告诉孩子“刀子很锋利”“高处很危险”“开水会烫伤”，孩子就会牢记于心，选择远离这些危险的行为吗？相反，你的禁止恰恰可能成为对他们的诱惑。

王尔德说的“禁忌即诱惑”和在心理学中的“不禁不为、愈禁愈为”的逆反心理现象，都被称为“潘多拉效应”或“禁果效应”，即越是掩盖的东西，人们越是好奇；越是被禁止的事情，人们越会产生探寻的欲望。人类出于本能，会在好奇心及自身欲望的支配下，做出“明知不可为而为之”的冒险行为。

关于这一现象，不用举任何例子，相信每位带娃人的脑海中都会出现无数个令人崩溃的画面。大人对孩子的言行越是严厉禁止，孩子想要突破禁忌的逆反情绪就越强烈，孩子冲破禁忌的力量就越强烈，感受到这股能量的父母也会以更大的能量去压制。如此循环往复，孩子对父母的告诫就会产生严重的抵触情绪，一个小小的导火索，可能酿成无法挽回的后果。

正如日本学者木村素卫所说：“**所谓教育，就是在他人的帮助下，完成精神上的自觉性自我发展。**”

身为人父，我知道，**我的任务不是帮孩子创造一个没有危险的世界，而是帮助他们掌握在危险世界中生存的能力。**

• 放手，打开认知和胆量的天花板

虽然理论如此，但生活又是另一回事。一提到将孩子置于“危险”之中，除了小部分家长表示“坚决拒绝，无法接受”，大部分人采取的是中庸的态度——“我承认你说得都对，但是孩子还小，等他长大了就好了 / 就会了 / 就不怕了”。

仿佛在他们眼中，人类的自我保护能力有一个开关，到了某个年龄就自动开启，在这之前，只要静静地等待，在这之后，自然就可以放手。可惜的是，养孩子可没有这么简单。

儿童早期教育系教授爱伦·汉森这样说过：“如果孩子没有机会用社会可接受的方式体验冒险，有些孩子可能出现更鲁莽、极端的行为，比如产生暴力倾向等。还有一部分孩子，会在成年后转向另一个极端，变得极度厌恶风险，甚至害怕做出任何改变。”

不要将孩子看得过于脆弱。根据进化心理学研究，人类在诞生之初，就已经在危机四伏的生存环境中学会了应对危险的本领，帮助我们的祖先预知灾难、评估风险、识别环境中的危险因素，并将这种能力根植于基因之中。可以说，**自我保护能力，是人类的一种本能，孩子也同样具备。**

只不过，这种本能需要在体验的基础上开启，这样人们才能在不断练习、调整中建立起一套对于风险的完整认知，否则本能的力量也会慢慢衰减。

这让我想起女儿三四岁的时候，我第一次带她走公园里的铁索桥，因为没有掌握好平衡，刚走几步就摔了下来，在那之后的很长一段时间，她都对这个项目敬而远之，但是每次看到别的小朋友玩得兴致勃勃，她也有些羡慕。

我："你想玩吗？我们可以再试一次。"

女儿："我想玩，但是我有一点点害怕。"

我："没关系的，我就在旁边。如果你摔倒了，爸爸一定能接住你。"

女儿："真的吗？那你一定要接住我！"

下定决心之后，女儿小心翼翼地迈出了第一步，因为有了上次的教训，根本不用我多费口舌，她走得很稳，两只小手紧紧抓住两边的绳索，很快就掌握了平衡的诀窍。

这就是体验的力量！对，体验！没有哪个孩子可以绕过体验直接获得经验。如果将世界比作一座充满挑战的丛林，既然我们无法为他们挡住所有风险，不妨在守护孩子的同时，放手让他们自己去探索，让他们逐渐熟悉自己的身体和周围的环境，这样不仅可以让孩子变得更加独立、自信，还会让我们与孩子的关系更亲近。

• 与其因噎废食，不如未雨绸缪

波斯诗人鲁米曾在诗中写道："鸟儿在天空，画着它们的圆圈，它们是如何学会的？一次次地跌落，它们就获得了翅膀。"

那么，我们应该从哪里开始，作为孩子接触危险的第一步呢？

第一件事：从日常生活的场景入手，让孩子逐步摆脱"幼儿世界"，走进"真实"世界。

好奇是孩子的天性，他们遇见什么没见过的东西都喜欢拿在手里看一看、玩一玩。面对这种本能，大人一系列的严防死守，只能在短时间内对他们起到震慑作用，一旦出现看护不到位的情况，就可能酿成灾难性后果。

与其让孩子在大人看不到的时候偷偷搞小动作，不如允许孩子在大人的陪同下接触一些平时不让他触碰的物品，比如玻璃杯、热水壶、陶瓷碗等，并用最简单明了的方式告诉他们拿取和使用的正确方法和禁忌事项，等他们对工具的使用逐渐熟练之后，还可以邀请他们使用这些工具来为自己帮忙。比如，有意识地让他们帮忙收拾碗筷、帮妈妈倒一杯水、切水果等，通过一些可控的危险情景，提高孩子使用物品的技能，逐步增强孩子的自我保护意识。

有人可能会担心："孩子那么小，肯定会搞砸的呀，万一摔了杯子、摔了碗怎么办？"不用担心，因为这是肯定会发生的事情，别说孩子了，就连大人也会不小心摔碎餐具吧？**永远别忘记，孩子把事情搞砸，这本就是教育的重要一环。**摔碎了杯子，孩子自己会看到他所做事情的后果，并了解这件事情所带来的全部麻烦。以后，不用你主动提醒，孩子也会注意轻拿轻放。练习的次数多了，他们的好奇和害怕也会逐渐消失。

第二件事：进行投掷、打斗等对抗性游戏。

研究表明，陪孩子练习投掷，可以刺激他们脑部的额叶和顶叶，这两处与个体的视觉灵敏度、三维感知能力以及结构性解决问题的能力密切相关，可以培养孩子们的想象力和预知能力。同时，这种具有目标性的活动，还有利于提升孩子的专注度。

比如，爸爸可以和孩子玩扔沙包、投篮、打排球、打雪仗等，妈妈会觉得这样的游戏太危险，但这恰恰是孩子成长不可缺少的，也是爸爸最为擅长的类目。爸爸在游戏之中的洒脱态度，也会让孩子鼓起勇气加入游戏，而不是一味地逃避、恐惧。

即使在玩的过程中受点儿小伤、发生点儿小的冲突也不要大惊小怪。**国际儿童发展心理学机构曾给人们提供了 30 条建议，其中一条就是“小小地打一架”，这些带有对抗性质的游戏会让孩子了解到，原来人与人之间的互动，还有这样一种“隐藏模式”，从而教导孩子增强自我保护能力及规则意识，学会处理攻击与合作。**

第三件事：学会使用和控制火。

在我的童年记忆中，“不能玩火”似乎是所有父母禁令中最严厉的一条，也是我作为孩子时对我诱惑最大的一条。虽然父母三令五申，但依然挡不住我私下里探索的热情。其实，哪个小孩没有与小伙伴偷偷玩火的经历呢？有关数据显示，少年儿童已成为火灾受害高危群体。无数事实摆在眼前，难道还不足以说明问题吗？

为了让孩子学会使用和控制火，我们可以从最简单的工具开始，给孩子展示火柴、打火机的作用，让孩子了解火的基本常识；带着他们参加篝火大会，近距离了解火的作用和威力；同时，可以配合视频让他们了解火的危害，做好提醒；最重要的是给孩子传递一种理念：火是生活中的常见事物，如果孩子对此感到好奇，可以随时提问，绝不会受到责怪，但他们一定要在父母的陪伴下才能接触火。

除了以上几种危险，生活中还隐藏着无数种可能对孩子造成威胁的安全隐患，为了让孩子形成自我保护意识，懂得防范，我们就得胆大、心细，主动带孩子探索和体验危险，比如，带孩子去爬树，锻炼其对高度的感知能力，激起孩子对恐惧的知觉；将孩子带去池塘、河湖周边，锻炼孩子对危险地方的敏感性；带孩子去骑车或滑冰，让孩子体验速度与激情……

在这个过程中，爸爸一定要控制住自己想要帮忙的手，即使孩子表现得有些笨拙和胆怯，甚至受了一点儿小伤，也不要对他们过多指责，而是利用这个机会，让孩子对危险的后果有一个直观的概念，这样也会使他们对避免伤害的办法记得更加深刻。

还要特别提醒一点，陪孩子去做几件危险的事，不是单纯地吓唬孩子，更不能让他们毫无准备地暴露于危险之中，一定要在确保安全的前提之下，带孩子进行有限度的尝试，目的是让孩子明白，什么能做，什么不能做，以及这样做的理由和自我保护的方法，这样的安全教育才是成功的。如果孩子对某些尝试表现得过于抗拒，也要充分尊重孩子的个人意愿，等他们准备好了再尝试也不迟。

让孩子做主

“疯爸”养育金句：

- 让孩子做自己的王、做自己的主。
- 让孩子自己发现、梳理、解决自己的社交困境，留给孩子一些他能够自己做主的特殊时光。
- 父母要做孩子成长的太阳，而不是裁判。
- 你是自己的“头头儿”，你得思考、做出决定、产生成果。
- 记住，只做孩子人生的副驾驶，因为方向盘在他手上，油门、刹车在他脚下。
- 有些情绪是该释放的，那就让它释放出来，记得选择恰当的方式。
- 孩子的世界遵从一套与成人完全不同的社交法则。
- “小大人儿”是不健康的。给孩子强行灌输“文明”指令，会让孩子失去试错机会和挫折体验。
- 在倾听孩子的过程中，要让孩子感觉到爱与支持，为他提供直面冲突的底气。
- 冲突不是坏事，恰恰是孩子为相互适应、提高交往能力、学习社交技巧而付出的代价。
- 让孩子感受冲突，就是给孩子制造心灵上的免疫力；这一解决和适应冲突的过程，就是孩子逐渐去中心化的过程。
- 大家都要去学一学“狮子家族”的育儿理念。
- 聪明爸爸可以将一场事故变成一个故事，一场冲突也能变成塑造孩子人格和性格的绝佳契机。

有一位妈妈在直播互动中与我分享了这样一件事情。

在小区的儿童游乐场里，孩子们正充满期待地排队玩滑梯，忽然，一个四五岁的男孩插到队伍中间，推搡着不让她家孩子走，还大声尖叫示威，说："我先来！我先来！"她的孩子吵不过那个男孩，哇哇大哭起来。这位妈妈很生气，当时就抱着孩子回家了，孩子回家后不依不饶，哭了好长时间，晚饭都没吃。这位妈妈越想越气，觉得自己插手也不是，不管也不是，所以在直播间找我寻求方法。

其实，对经常带孩子的父母来说，这样小规模的"社交冲突"几乎每天都在发生，尤其是在孩子扎堆的地方，孩子们你抢了我的玩具，我抓了你的头发，激烈程度不亚于一场"小型战斗"，让家长十分揪心。

这种情况该如何解决，爸爸带娃与妈妈带娃有着明显的不同。一般来说，妈妈们更在意孩子的安全，为了避免冲突，会提前规避风险，给他们的行为增加很多限制，比如，有"跟朋友好好玩，不要吵架""不要抢，一个一个来""好孩子不能动手打人"等碎碎念。相比之下，爸爸们就不太善于未雨绸缪，而是比较豪放、随性，他们在带娃时也会更放松、更大胆一些，鼓励孩子们释放天性，甚至会加入他们的游戏，即使孩子们之间真的发生冲突，爸爸们往往也不会急着去"拉架"。

相比妈妈们的静态教育，爸爸们的放养育儿法确实显得有那么一些"粗犷"与"漫不经心"，也因此招来了不少调侃与指责，被扣上"不负责任""甩手掌柜"的大帽子。那么在这两种方法中，哪种才是正确的呢？

• 孩子的世界遵从着一套与成年人的世界完全不同的社交法则

在这里首先要纠正一个误区：有孩子的地方就会有社交冲突，比如抢别人的东西、被别人欺负、欺负别人等。孩子之间不可避免地会发生摩擦，出现一些失控行为，这并不是因为他们多么“不乖”，多么“自私”，而是孩子的世界遵从着一套与成年人的世界完全不同的法则。

瑞士儿童心理学家皮亚杰提到过一个经典的实验，名为“三山实验”。在这个实验中，科学家选取了三座高低、大小和颜色都不相同的假山模型，然后让儿童面对模型而坐，并将一个玩具娃娃放在山的另一边。当孩子被问“哪座山离玩具娃娃最近”时，你猜孩子们会怎么说？

这些孩子无一例外地选择了离自己最近的那座，而不是离娃娃最近的那座。

孩子在 3 ~ 7 岁这个阶段，他们的心智发展结构是以自我为中心的，这就意味着他们所有的语言、状态、姿态，他们眼睛中的一切，都是围着“我”运转的，他们的脑海中只有自己，只有自己看到的和想到的。因此，上一秒还和平友好的孩子，下一秒就可能为捍卫自己的领地与别人大打出手。

这个时候，我们一定要时刻提醒自己：孩子之间之所以出现社交冲突，并不是因为某个孩子的品质出了什么问题，而是他们的大脑和心智模式发展所处的特殊阶段，不允许他们有同理心，我们更不能因为孩子在社交中可能出现一些特殊情况，就强行给他灌输一套“文明”的指令，虽然这样做的结果会让孩子脱离一些“野蛮”，但也会让他们失去本该有的成长和试错机会，这样教育出来的“小大人儿”是不健康的。

面对孩子之间的冲突，妈妈们不妨学习一下爸爸带娃时的放手精神，放下一些控制，放下一些担心，用豁达的心态引导孩子正确面对冲突，使他们在冲突中学会思考，引导孩子运用自己的智慧，面对问题、解决问题。

• 当孩子面对社交冲突

孩子天生就是孩子，他们总是无理取闹、锱铢必较，让人感到百爪挠心，很多人只能用一些责备的语言，如“大的就要让小的”“好孩子不能打架”“再不听话我就教训你”等话语教导孩子，期待他们学会用同理心理解别人，站在对方的角度考虑问题。

不幸的是，这样做往往事与愿违，即使孩子因暂时的惧怕结束与他人的冲突，也会在你看不见的时候再次挑起争端。

我当初没有孩子时，也曾是彬彬有礼的“妈妈派”，甚至对“纵容”孩子胡闹的家长颇有微词。然而，随着陪伴孩子的时间增多，加上我对儿童教育研究的深入，我几乎完全摒弃了上述想法。与之相反的是，我会主动鼓励孩子面对冲突，用自己的方式解决冲突，在动态中丰富孩子的社交经验，提高孩子的“社交商”。

上文中提到的那位妈妈，当孩子遇到社交冲突时，她选择了带孩子直接离开（逃避冲突），这显然不是最好的解决之道，那么如何做才是更好的呢？

如果你也有类似的困扰，不妨根据以下四大引导原则，**让孩子自己发现、梳理、逃离社交困境，留给孩子一些能够自己做主的特殊时光。**

第一条原则，语言鼓励，鼓励孩子大胆地说出自己的想法。

这一点虽然简单，做起来却并不容易，我有亲身体验。我曾经就是那个在外面被人欺负都不敢对父母讲的小孩，哪怕脸上被打出了淤青，我也会偷偷隐瞒，因为我心里非常清楚，即使告诉父母，我也不会得到丝毫安慰，反而会遭到更严厉的指责。

很多父母虽然关心孩子，但当孩子真的面临一些特殊的社交情况时，他们并不会真正倾听孩子关于这场社交冲突的复盘，导致孩子不敢说，只能把负能量深埋心中，而孩子自己又无力解决问题，冲突最终形成孩子巨大的心理负担。

这个时候，我们一定要学会倾听，当事情发生时，你应用十二万分的耐心试着理解孩子的感受，同时帮他理解他人的感受，并尊重孩子的选择。比如，你可以这样询问孩子：

“这件事是怎么发生的？”

“你当时的感受是什么呢？”

“现在你对这件事的看法是什么？”

“你希望爸爸怎么帮助你？”

……

在倾听孩子诉说的过程中，我们一定要让孩子感觉到我们对他的爱与支持，为他提供直面冲突的底气。

第二条原则，营造同理心，接受冲突是孩子成长的必经之路。

当孩子因冲突哭泣、发脾气时，很多妈妈会以“好孩子不哭”来压抑孩子的情感表达，或以“以后我们不跟他玩了”来强化他的痛苦与愤怒，这两种态度看似在解决问题，实际上却是在逃避与拒绝。记住“疯爸”的一句话：**该释放的情绪，要让它释放出来。**

很多时候，不是孩子在害怕冲突，而是很多父母不接受孩子有冲突的行为，因此我们必须正视一个理念，**冲突不是坏事，恰恰是孩子为相互适应、提高交往能力、学习社交技巧而付出的代价。**在孩子的成长过程中，适当的冲突就像感冒，偶尔的生病吃药不会影响健康，反而可以提高我们身体的免疫力。

同理，只有孩子的中心化思维在外界受到打击，他们才会逐渐明白，原来这个世界上并不只有自己，原来每个人都有属于自己的想法，原来人和人会产生不一样的连接，这些不一样的连接会带来不一样的收获，也会带来不一样的麻烦。

让孩子感受冲突，就是给孩子制造心灵上的免疫力；解决和适应冲突的这一过程，就是孩子逐渐去中心化思维的过程。

第三条原则，尽可能让孩子自己去解决冲突，而不是让孩子机械地执行大人的想法。

这一条原则的难点在于，我们要控制住自己想插手的念头，给予孩子充分的信任与支持。

在这里，我们不妨学习一下狮子家族的育儿理念，当幼狮打打闹闹的时候，狮子妈妈与狮子爸爸的态度从来都是不理、不管、不干涉，更不会插手替孩子解决矛盾，因为这些打闹不是在破坏规则，而是在帮助幼狮开发生存技能，为它们成年后的狩猎做模拟演练，如果打断了这一进程，它们也会因此错失成长之路上的重要一课。

第四条原则，也是最核心的一点，叫作开放性的思维。

当孩子面临社交冲突时，我们一定要引导孩子建立这样一种思维方式，即解决社交冲突的重点是过程而不是结论，没有谁输谁赢，没有谁是成功者或失败者，这些都不重要，最重要的是，当这个冲突解决之后，你有没有真正复盘这一过程？

当冲突发生并解决之后，我们要做的第一件事就是复盘，与孩子一起认真回想整个事件的前因后果，比如，你可以这样询问孩子：

“在这个过程中你体会到了什么？感受到了什么？”

“对方的行为是否正确？”

“下次遇到类似的事情应该如何应对？”

通过梳理孩子的心态，引导孩子自己思考，这个动态的过程就是在让孩子建立自信，学会处理关系的思考方式，孩子在这个过程中会自己决定该干什么，不该干什么。

教育专家奈德·约翰逊曾说：“培养孩子的自控力，其实更应该把自己看作孩子的顾问，而不是他的老板或经理人，尽可能多地和孩子说‘你来定’！帮助孩子找到属于他自己的内部动机。”

例如前文所述的插队冲突，当冲突发生之后，你可以先帮孩子稳定情绪，询问他的感受，也可以帮他分析当前的处境，用孩子能听懂的语言帮他理解，比如：

“你看，刚才那个孩子是不是冲劲儿很大？他突然插队可能会撞到你或别的小朋友，这个时候你跟他抢没有意义，反而会耽误你玩滑梯的时间。”

引导孩子说出自己的看法，但不要帮孩子去做出选择，而是将选择的权利交给孩子，比如：

“现在，你是想让他给你道歉，还是忘记这件事继续玩呢？”不管孩子做出哪个选择，都要尊重孩子的想法，让孩子自己做主。

事后引导孩子表达，就是在让孩子的情绪自然流动。

对于聪明的爸爸来说，一场事故能变成一个故事，一场冲突也能变成塑造孩子人格和性格的绝佳契机。

当你真正相信孩子，引发孩子的思考，允许并尊重孩子的自主选择，相信孩子可以找到属于他自己的解决方式时，孩子一定会给你一个超乎想象的答案。

帮孩子“张罗一个局”

“疯爸”养育金句：

- 3 ~ 6 岁的孩子打开社交窗户，需要父母的帮助。
- 利用周末、假期，帮你的孩子“张罗一个局”。
- 孩子的发展就是一座大厦，“社交商”是大厦的地基。
- 有良好社交能力的孩子，可以轻易地获得他人的认可和接纳，有利于自我价值感的提高和自尊心的建立，减少负面情绪的存在。
- 良好的社交能力能让孩子提高成绩和获得心理能量，还可以帮助孩子更好地适应环境，即使在逆境中也能逆风翻盘，获得更多的机会和资源。
- 没有哪个人在养育过程中是轻松的。所有四两拨千斤的背后，都有你看不到的千斤拨四两；所有云淡风轻的背后，都永远有你看不到

的付出和异于常人的努力。

- **当孩子无法单独完成社交任务时，聪明的爸爸要做到“扶上马，送一程”。**
- **爸爸要成为孩子的社交榜样，时刻想着帮孩子“打个样”。**
- **孩子的社会能力比会做题的能力重要。**

2021 年，我在直播间“连麦”了 200 多位家长，探讨了很多热门教育话题。然而，在谈及孩子的社交问题，尤其在讲到“学龄前孩子是否需要建立社交圈”“孩子交不到朋友怎么办”这一话题时，相对于讨论学习问题时的热火朝天，人们对这一问题的关注明显平淡了很多，其观点大致可概括为以下三种。

- 顺其自然派：“孩子在这个年纪没有朋友的概念，上学后自然就融入集体了。”
- 锦上添花派：“父母的陪伴最重要，朋友有否，不必强求。”
- 无可奈何派：“孩子不愿意跟其他小朋友玩，我也没有办法。”

还有少数人表示担心，怕自己的孩子过于内向，以后会在社交方面吃亏。但是，当我问及“有没有做过什么事帮助孩子交朋友”时，得到的答案也无非两种：要么是把孩子往孩子群里一推，说“去，你去跟她们一起玩吧”，要么就准备一些玩具或零食，让孩子拿着去换取跟其他小伙伴互动的机会。

很明显，这两种方法都不会给孩子的交友带来持续的正面反馈，反而有可能让他们更加无所适从，埋下“社恐”的种子。

• 父母对社交的态度，决定孩子的社交能力

请试着回答以下几个问题。

1. 你的孩子周围有朋友吗？
2. 你会鼓励孩子定期与好朋友聚会吗？
3. 你知道孩子最好的朋友叫什么名字吗？
4. 如果孩子不会交朋友，你会为此感到焦虑吗？

如果你对这几个问题的答案都是否定的，那么你恐怕就要反思了。

记得有一次我去朋友家做客，她家孩子主动向妈妈请示：“妈妈，我今天可以邀请朋友来家里吗？”没想到朋友一口回绝：“不可以，你每次让朋友来家里都搞得乱七八糟。以后不许再邀请朋友来家里玩了。”我相信，朋友的态度绝不是个例，直到今天，这种声音仍然不断在出现。

“因为孩子还小，所以不用重视社交”，这是我们的一种误解。实际上，我一直秉持一个观点：在未来，孩子的**社会能力比会做题的能力重要。**不要总把关注的焦点放在“情商”“智商”上，“社交商”也同样重要。如果将孩子的发展比作一座大厦，“社交商”就是这座大厦的地基，如果孩子的社会化发展进程出现了问题，构建在其上的一切都会摇摇欲坠，甚至轰然倒塌。

总的来说，孩子的社会化发展进程可分为以下三个阶段。

（1）3～6岁——这是儿童自我意识的形成阶段，在这一阶段，儿童心理发展变化快，个性开始显现，表现出意识和行动的独立性倾向。这一时期，是孩子在社会化发展中的关键期，孩子开始学习如何与人相处。

（2）6～12岁——在这一阶段，孩子的社会化能力已基本成型，随着情绪和心理状态的稳定，围绕在他们身边的人际关系也复杂起来，他们开始侧重于关系的深入发展。

（3）12～18岁——孩子的自我意识得到进一步发展，开始从儿童期向成年期过渡，社交范围也逐步扩大，开始能熟练处理与异性之间的关系。

这三个阶段并非独立存在，而是环环相扣，并存在一定的因果关系。也就是说，如果家长没有在0～3岁这一阶段对孩子的社会化能力加以重视，他们在通往下一阶段的升级之路上就会阻碍重重。社交缺失的状态持续存在对孩子的影响也不容小觑。

首先，良好的社交能力能够让孩子更好地与周围人进行合作，提高其解决问题的能力和学习效率，从而在学习中表现更佳。

其次，一个具有良好社交能力的孩子，容易得到他人的认可和接纳，有利于自我价值感的提高和自尊心的建立，减少其负面情绪的存在。

最后，良好的社交能力不仅有助于孩子提高成绩和获得心理能量，还可以帮助孩子更好地适应环境，即使在逆境中也会力争逆风翻盘，获得更多的机会和资源。

而这一切的基础，就是在3～6岁这一特殊阶段你对孩子社交的态度，它会决定孩子社交能力的高低。这并不是危言耸听。

• 最直接的办法，帮孩子“张罗一个局”

可能有人会觉得，不是我不想帮孩子，但是交朋友是一种天赋。同样是在刚上幼儿园的年纪，有的孩子一到小朋友聚集的地方就能迅速融入团体，有的孩子哭了老半天才能适应新环境、结交新朋友。我能怎么办呢？

其实不然，在6年的创业过程中，我经常对团队小伙伴们强调：**“所有‘四两拨千斤’的背后，都有你看不到的‘千斤拨四两’。”**在教育行业做了多年，认识了那么多优秀的父母和教育界精英大咖，我最大的感触就是：**没有哪个人在这个过程中是轻松的。所有云淡风轻的背后，都有你看不到的付出和异于常人的努力。**因此，我们更不要将这一借口，当作自己逃避和不负责任的理由。

要想帮助孩子完成社会化基础，首先要分析孩子的社交弱点。

有的是因为个性害羞，不敢单独与小伙伴接触；

有的是因为缺乏交往经验，想和小朋友接触又不敢迈出第一步；

有的是周围没有同龄的孩子，导致没有认识新朋友的机会……

不管是哪一种原因，或者兼而有之，我们都需要去伸出援手，帮助孩子完成从0到1的尝试，帮助孩子建立社交关系。

可是，我们又不能强制给孩子带个朋友回家，如何帮助孩子获得应有的社会化能力呢？最直接的办法是，帮孩子“张罗一个局”。

去年的五一小长假，我在社群里发起过一个名为“帮他组个局”的活动，鼓励父母拿出时间和精力，高质量地陪伴孩子，让孩子走出去，帮孩子组局，科学地帮他们营造一些好的社交环境，让孩子在安全的范围内多一些“疯”的机会，对于锻炼他们的表达能力、思辨能力、沟通能力、合作能力、团队协作能力、应对挫折的能力、创造能力等都大有裨益。

如何“组局”呢？有三件事必须做到。

第一件事，和有同龄孩子的父母保持联系。

很多时候，不是孩子不会交朋友，而是身边根本没有交友的机会。即使偶然遇到同频的伙伴，一到晚上各回各家，下次见面全靠天意，关系自然难以长久。为了让孩子拥有一个可以固定表达、固定交流的长期圈子，我们可以主动帮孩子把这个圈子建立起来。

将这些潜在的社交资源固定住的最快方法不是一对一私聊，而是建一个小范围的家长群。

我手机里就有好几个这样的带娃群，群成员有在小区里一起遛娃的邻居，有在公园里经常和孩子一起玩的小伙伴的家长，还有家有同龄娃的朋友或同事……不要害怕会被拒绝，因为大家都有同样的社交空白，只要你真诚地说明自己的理由，对方大多会欣然同意。如果孩子在上幼儿园，那就更方便了，你可以拉一个纯净的家长群（班主任除外），平时大家一起交流一下育儿心得，分享一些好的课程、图书、观点等，最重要的是可以为以后给孩子“组局”积累起充足的“人气儿”。

第二件事，与孩子的老师保持密切沟通。

孩子的事再小也是大事。我知道有很多人不愿意与老师联系太多，担心会给老师添麻烦或有“拍马屁”的嫌疑，但是，孩子成长的关键期只有那么几年，你真的觉得别人的看法比孩子的未来更重要吗？

比如，当孩子在幼儿园和小伙伴有了矛盾，千万不要先入为主。牢记，沟通的前提是倾听，倾听的前提是提问，因为我们不是事件的当事人，不可能了解孩子在外面发生的一切。

此外，我们还可以定期向幼儿园老师了解情况，询问孩子最近状态的变化、班里的氛围、班里的环境、班里的生态等，这么做的目的只有一个，即对孩子有更多的了解，有助于从不同的角度去理解问题。

第三件事，针对孩子的问题，培养孩子的社交能力。

有了资源积累和心理准备，我们接下来就要正式张罗了。

（1）在群里约好时间，带着孩子一起找他们的小朋友去玩；

（2）安排一个固定的、有仪式感的饭局，比如每个周末接受家长报名，大家带着孩子一起策划乒乓球局、跑步局、放风筝局等；

（3）邀请孩子的好朋友来家里玩；

（4）如果孩子有沟通障碍、交流障碍等，要主动帮他向老师或朋友解释。

在“组局”的过程中，有两点需要特别引起注意：

一是一定要确保被邀请的孩子都得到了父母的同意；二是一定要将聚会的规模控制在可掌控的范围之内，参与人数最多不能超过七个人。

• 孩子和朋友相处不好怎么办

孩子们的相处也不总是一帆风顺的。尤其当很多孩子聚在一起时，同样会衍生出很多社交问题，比如有的孩子难以融入集体、被孤立、不会互动、打架等。作为家长，应该如何处理呢？

首先，切记不要操之过急。刚到一个陌生的环境，孩子需要时间去适应，才能有充足的安全感去自由探索，千万不要强迫孩子走出他的舒适圈，而要等他自己主动迈出那一步。

其次，教会孩子单独和人交流的办法。有些孩子个性比较腼腆，必须跟在爸妈身边才敢和陌生人说话，一旦“一对一”面对其他同龄人或“一对多”面对一个集体时，就会变得不知所措。

当你一脸怨怒地呵斥孩子“怎么那么没出息”“像个傻子一样”时，在孩子的世界里，正在经历这样一个场景：声音从四面八方传来，陌生的脸来回晃动，他不知道如何回应这些信息，内心非常慌张、无所适从，如果在这个时候，再听到父母的责骂，他会对这种场合更加恐惧。

如果孩子无法单独完成社交任务，聪明的爸爸会怎么做呢？

最好的方式是将孩子“扶上马，送一程”，在恰当的时间参与孩子的游戏，充当游戏的催化剂——当孩子不知如何开场的时候，帮他们选择游戏的方式；当孩子玩的时候，装作不经意地走过来看一看；当孩子之间冷场的时候，适当参与进去，调动一下气氛，再适时抽身。

此外，借助创造性游戏的魅力也能迅速消除孩子社交上的隔阂，让孩子学到人际交往的技巧，感受到交朋友的快乐，比如让孩子们一起捏彩泥、一起画画、一起表演、一起唱歌等，都可以培养孩子与他人共同寻找乐趣的能力。

最后，如果发现孩子被孤立、被嘲笑怎么办？这确实是一个非常棘手的问题，不仅孩子难受，有些家长比孩子更难受，甚至我见过有的妈妈直接去找欺负自己孩子的小孩们兴师问罪。虽然最后妈妈给孩子出了头，但孩子也无法再次回到集体之中了。

想象一下，如果有一天，孩子回来哭着告诉你说：“爸爸，学校里的小朋友欺负我，都不跟我玩了。”你的第一反应是什么？出现这种情况，爸爸妈妈一定要先控制好自己的情绪，千万别盲目地把问题归咎于他人。

当孩子遭遇社交霸凌，你要允许孩子情绪的自然流出，允许孩子闹情绪，等孩子的情绪平复之后，再去了解详细情况。并且采用友善的语气，跟孩子一起换位思考，“这件事究竟是谁的责任更大”“如果别人抢在你的前面切蛋糕，你是不是也会生气不跟他玩呢”。尽量用循序渐进的态度让孩子意识到，别人生气也许是因为自己也有问题，并鼓励孩子用自己的方式去缓和两人之间的关系。当然，这个过程的完成需要一点点练习，不要想着一蹴而就。

必要时，**爸爸也要辅助孩子，成为社交的榜样，以帮孩子“打个样”**，比如，可以主动组织一个聚会，在征得孩子同意后，邀请曾经排挤、孤立过孩子的小朋友们来家里做客。这是什么？这是格局，这是胸怀，格局是帮孩子从小培养出来的，而不是让孩子长大之后自己去用委屈撑大的。不能一起玩儿的同伴也不一定成为陌生人，还可能“不打不相识”。

另外，除了鼓励、帮助孩子主动融入同龄人的社交圈，爸爸妈妈还可以让孩子到不同的年龄层中结交一些忘年交，让孩子从不同年龄层的朋友身上去发现不同的维度、不同的角度，让孩子的生活变得更加丰富、更加多元，帮助他们解锁一些更精彩的人生篇章，从而构建更加立体的社会关系（不过，这种关系可遇不可求，没有的话你也不必强求）。

别再用手机让孩子安静了

“疯爸”养育金句：

- 它们真的是洪水猛兽吗？手机 / 网络 / 游戏≠魔鬼，它们只是父母失职的替罪羊。
- 自我效能感：自尊决定孩子面对困难时的态度是畏难消沉还是积极乐观，是坚持还是非常容易放弃。
- 胜利者效应：一个孩子只需要成功六次，就能“强者恒强”，成功的体验会提升下一次获得成功的概率。
- 当孩子沉迷手机时，我们的思路应该是强化正面的力量，而不是制造挫败与恐惧。
- 失败不是失败之母，成功才是。
- 孩子为什么抱着手机不撒手？因为他可以在虚拟世界中找到现实中无法获得的东西，而这种内心的缺失，正是爸爸这一角色失职触发的。
- “用魔法打败魔法”这种走极端的做法，真的好吗？
- 过分沉迷于玩手机的孩子，大多有“成瘾性人格”的倾向，“父爱缺位”恰恰是导致成瘾性人格的高危因素。
- 很多网络成瘾的孩子，常常有一个过分操心的妈妈和一个角色缺失的爸爸。
- 规则感缺失的最直接体现，就是自我控制能力差。
- 孩子都是看着父母的背影长大的，他需要去看到、去模仿这种强大而坚韧的力量，才能产生自我控制的能力。
- 如果孩子在成长道路上，只享受柔软，而没有触碰坚硬，孩子的自我控制力也许将随之消失。

- 沉迷于玩手机是孩子对父母的一种“特别的控诉”，孩子的叛逆得不到释放，孩子的情绪没机会流淌。这需要父母去培养、疏通更多的“出口”，更需要父母以身作则，带着孩子体验。
- 陪伴孩子成长的过程就像一个闯关游戏，不管路上出现了多么强大的对手，永远别忘记：你和孩子“是一伙的”，你们永远站在一起。
- 父母要做的，是给予孩子击败对手的能力，而不是留他一人与之搏斗。
- 让孩子看到你的力量和行动。你的坚持，就是让孩子放下手机的勇气。

有一次，我去一位老友家做客，发现他家小孩从我一进门，就没从房间出来过。我以为孩子是年纪小怕生，吃饭时赶紧让老友叫孩子出来吃饭，没想到他脸色一变，说：“不要管他，他自己说了，不让他玩手机他就不吃饭，看他能坚持多久！”

老友的妻子也叹了口气说：“现在这孩子啊，我也不知道应该怎么管，天天玩手机，还说不得，一说就发脾气。”

虽然嘴上抱怨，但妈妈还是心疼孩子，过去敲了敲孩子的房门，里面一点声音都没有。过了一会儿，我隐约听见里面传来推门的声音，接着便是妈妈刻意压低的声音：“你能不能自觉点，说了不让你玩手机，你怎么这么不听话？”

听到这话，老友重重地把筷子往桌子上一放，大步走进了孩子的房间，我见状不妙，也赶紧跟了过去。果然，被气晕头的老友已经一把抢过孩子的手机，大声吼道："我天天辛苦赚钱不是为了让你打游戏的！以后手机没收，一分钟也不许玩！"孩子的情绪也激动起来："你们都可以玩，我为什么不能玩，你把手机还给我！"

父子俩针尖对麦芒，谁也不肯退让，最后还是我把老友拽了出去，留妈妈在屋里安抚孩子的情绪。回到饭桌，老友重重地叹了口气，说："刚开始给孩子玩手机，是为了让他安静一会儿，没想到成了这个样子，这手机真是害人不浅！"

我点点头。如果把破坏亲子关系的事物进行排名，手机绝对是排名第一的大杀器。老友家的这场争吵，并不是个例，而是很多家庭曾经或正在发生的故事缩影。

• 惩罚教育的真正后果

有的孩子沉迷于玩手机，不给玩就又哭又闹，为了管住这些熊孩子，有些家长想出了**"用魔法打败魔法"**的办法——既然你那么喜欢玩手机，就强制你每天必须玩够 16 小时；喜欢看电视，就罚你通宵看电视……单从某件事情本身来看，这样做短期内确实会产生效果，但是**这种极端的做法真的好吗？**

对于孩子来说，尤其是男孩，在成长的过程当中，驱动他们不断地去克服困难、追求卓越的内在动力是与他的自尊水平紧密相关的。**自尊决定他面对困难时的态度是畏难消沉还是积极乐观，是坚持还是非常容易放弃，这在心理学上又被叫作"自我效能感"。**

试想一下，如果孩子连在自己喜欢的事上都充满了挫败和痛苦的感受，那么孩子只会被失败的体验笼罩住。比如罚孩子通宵看电视，孩子可能因为恐惧而短期内不敢再看，也可能导致他们形成一个认知：看电视是不好的，一个爱看电视的孩子是不被疼爱的。长大后，孩子可能对休闲娱乐产生羞耻感，看会儿电视便会感到内疚。

相反，心理学上还有一个**“胜利者效应”，即一个孩子只需要成功六次，他就能够强者恒强，成功的体验会提升下一次获得成功的概率，所以，当孩子沉迷于玩手机时，我们的思路应该是强化正面的力量，而不是制造挫败与恐惧。**

• 失败不是成功之母，成功才是

当孩子沉迷于玩手机，父母的哪些做法会将孩子越推越远呢？

第一条，简单粗暴。比如拔电源、断网、夺走设备、砸碎手机、藏起手机并吼孩子等。

第二条，负面榜样。父母自己沉迷于玩手机不能自拔，一回家就窝在沙发里手机不离身。

第三条，纵容孩子。有的父母忙了一天回到家，嫌孩子吵闹，便会扔给孩子一部手机，让孩子自己去玩。

第四条，只呵斥，从来不想原因。很多时候，孩子缺乏自控力不是因为不听话，而是由于孩子的大脑发育不成熟，使他们容易受到诱惑，这是他们发展的特殊时期结构所造成的，一味呵斥和吼叫只能起反效果。

第五条，不解释。前文提到的我那位老友，他每天要在手机上处理工作，但孩子不理解，以为爸爸在玩手机。这种情况一定要给孩子解释清楚。

那么，不吵不骂，怎么规范孩子玩手机的时间呢？

我在这里教大家三个独家方法。

第一个方法：采用游戏的办法，让孩子获得延时满足。

我们可以采用游戏的方式，和孩子来一次忍耐力比赛，约定每一次玩手机的时长。比如，你可以把孩子叫到跟前，对他说："我们来比试比试，你克制玩手机，爸爸克制看电视，看看谁能坚持得更久！"比赛的时候，你可以故意输给孩子，让孩子赢了这一局，延迟满足的力量就会得到加强。

第二个方法：限定时间，跟孩子一起共同遵守。

这个时间不是大人规定的，而是要跟孩子一起商量。比如，你可以这样和孩子沟通："宝贝，你今天表现不错，爸爸答应你周五晚上可以玩手机，我觉得你最多玩 50 分钟，你觉得玩多长时间合适呢？"这个时间尽量让孩子自己去定，有条件的可以借助一些工具，比如计时器、沙漏等。

我家就有这样一个定时器，我们会让孩子自己规定时间，然后给他设定倒计时。

第三个方法：不要打扰，保护孩子的专注力。

很多父母一方面想培养孩子的专注力，另一方面又在无意中不断破坏孩子的专注力。比如，孩子在专注地读书，父母一会儿去给孩子倒杯水、一会儿给孩子削个水果……你的这些善意，反倒破坏了孩子的专注力。那应该怎么做呢？将这些准备工作提前做好，一切就绪之后，再让孩子开始专注于学习或专注地玩玩具。孩子一旦沉浸在他自己的世界里，父母就不要再以任何形式打扰他。你可以在倒计时结束前 5 分钟提醒一次："宝贝，该吃饭啦，要准备停下手里的工作……"切记，只提醒一次。

你一定会问："如果时间到了，孩子没有玩尽兴怎么办？"来，给你三个与孩子沟通的方法。

（1）共情法："孩子，爸爸理解你，我看喜欢的电视剧时也经常停不下来。"

（2）陈述法："可是，现在时间马上就要到了，还有五分钟就结束喽。"

（3）相信法："虽然时间快到了，但爸爸再给你五分钟结束游戏，我相信你结束游戏后会自己关掉手机。"

注意，在运用这种方法时，一定要在时间上打出提前量，在结束的前几分钟提醒孩子一次。

• 孩子手机成瘾，也是爸爸的失职

当我把上面这些经验和心得分享给我那位老友后，他若有所思，承认自己在对待孩子玩手机的问题上确实犯了"简单粗暴"的大忌，但是我说的办法他以前也试着用过，孩子小的时候还管用，但长大以后这些比较温和的办法就失效了，必须借助"暴力"才有效果。

我笑了笑说："这你就有所不知了，其实，孩子之所以沉迷于玩手机，根源很可能在爸爸身上……"

我为什么从不倡导用强制的办法去纠正孩子的行为呢？因为不管是没收手机、训斥还是严防死守，都属于一种末端的行为管控，这种方法短时间奏效，却无法从源头上解决认知问题。就像一个人在压力下总是暴饮暴食，如果不去探究他这种行为的深层原因，只是把他的食物全部拿走，他能恢复正常饮食吗？不会，一旦有机会，他一定会变本加厉地吃回来。

同理，孩子为什么沉迷于虚拟世界，抱着手机不撒手，因为他可以在虚拟世界中找到现实中无法得到满足的东西，而这种内心的缺失，正是爸爸这一角色失职所触发的。

首先，过分沉迷于玩手机的孩子，大多有“成瘾性人格”，“父爱缺位”恰恰是导致“成瘾性人格”的重大因素。数据显示，很多网络成瘾的孩子，常常有一个过分操心的妈妈和一个缺位的爸爸。如果孩子在成长过程中缺少爸爸的陪伴、关爱，或者爸爸对孩子存在暴力行为，孩子在长大后就可能没有规则感和价值感，而规则感缺失的最直接体现就是自我控制能力差。

孩子都是看着父母的背影长大的，与母亲相比，爸爸身上的隐忍、理性、责任感，具有天然的优势，孩子只有看到并模仿这种强大而坚韧的力量，才能产生自我控制的能力。相反，如果孩子在成长道路上只享受柔软，而没有触碰坚硬，孩子的这种自我控制力也会随之消失。

其次，过分沉迷于玩手机的孩子，没有找到释放攻击性的正确渠道。

这里所说的“攻击性”，在心理学上是指，人从事各种活动最基本的动力，甚至可以说，攻击性就是生命力。

正如弗洛伊德所说：如果一个人不能象征性地、合理地表达自己的攻击性，就会出现心理问题。

孩子在成长过程中，有很多“攻击性”需要释放。手机，就成了他们释放攻击性的方式之一，比如：他们可以通过手机上的通信软件和同学、朋友倾诉苦闷；他们可以通过网络，与三五好友酣畅淋漓打一场线上对战游戏；他们可以通过看一些搞笑视频来释放压力……

我们在为孩子沉迷于玩手机而愤怒时，也需要看到，他一个人在另一个虚拟世界寻找“认可”和“获胜”的感觉。你想想看，这种情境是多么孤单和无助，因为孩子并不知道还有其他现实渠道同样可以帮他获得这种感觉。既然如此，你为什么不带他一起在现实世界寻找呢？哪怕就是陪着他无聊、陪着他打闹，也比让孩子自己去虚拟世界寻找认同感要好得多。

游戏不是洪水猛兽，它不应该成为父母失职的替罪羊。从某种角度来说，沉迷于玩手机是孩子对父母的一种“特别的控诉”，因为**孩子的叛逆得不到释放，孩子的情绪没机会流淌。这需要父母去培养、疏通更多的“出口”，更需要父母以身作则，带着孩子体验。**

尤其是爸爸，更需要在这个时候站出来，发挥天然的性别优势，帮孩子在外界找到释放攻击力的正确渠道，带孩子在现实中找到自我。

你可以充分利用周末时间，带着孩子打球、跑步、逛天文馆、去动物园；还可以利用假期去露营，去旅游；还可以带着孩子去游学、野营、徒步。**户外体验是多元的，这个过程正是父母和孩子一起制定目标、方向和具体行动的最佳时机。**

如果你常年不在孩子身边，请相信：陪伴的质量永远比陪伴的时长重要，不管身在何处，你可以试着从坚持每天和孩子进行 15 分钟的视频通话做起。

切记，别盲目否定手机和网络，而是要学会从自己身上找原因，帮助孩子解决问题。

在听完我的分析之后，上文中提到的我那位老友沉默了很长时间。几个月之后，我接到了他的电话，邀我周末带着孩子一起去郊外爬山，看着他和孩子明显变得亲近的关系，我知道，我对他的唠叨没白费，这个方法奏效了。

对于父母来说，陪伴孩子成长的过程就像玩一个闯关游戏，不管路上出现了多么强大的对手，永远别忘记：你跟孩子“是一伙的”，你们永远站在一起。父母要做的，是给予孩子击败对手的能力，而不是留他一人与之搏斗。

最后，我还有一句话送给所有看到这里的爸爸：**让孩子看到你的力量和行动。你的坚持，就是孩子放下手机的勇气。**

● 每周带孩子做两件事，让孩子的幸福感爆棚

“疯爸”养育金句：

- 日课的力量：每天做一件小事，能产生看不见的能量。
- 爸爸不是有意逃避育儿，而是根本不知道如何去做，也没人告诉他如何去做，以至于他被动地与家庭互动之间砌出了一道墙。
- 因上努力，果上随缘。多在原因上下功夫，少在结果上给期待。
- 爸爸口中的“没时间”，实际上是“这件事优先级不够高，不值得花时间去做”而已。
- 身为人父，最为重要的是：在线！
- 一定不要给孩子养宠物，但一定要给孩子养植物。当你的孩子拥有植物，他会自己给它创造意义，而不是由小动物给他输送意义。
- 随时、随地，主动参与孩子的玩耍和生活。
- 父母在陪伴孩子的过程中，自己才是收获最大的人，这也是你主动创造意义的过程。

- 每天挤出时间去陪伴孩子，不要将之视为一种牺牲，而应该乐在其中。
- 爸爸作为孩子的社交伙伴，这一角色的很多功能是妈妈无法替代的。
- 每天做一件小事，就能产生看不见的能量。
- 作为爸爸，一定要稳定住身边人的情绪，起到定海神针的作用。
- 世界上本没有“熊孩子”，只有不会教育的“熊父母”，只要掌握了方法，孩子的行为和习惯就可以得到改善。

在很多人的脑海中，父亲形象通常离不开以下几个要素：忙碌、沉默、严厉、伟岸，甚至还有一个专有名词来歌颂这类父亲对家庭的贡献与牺牲，叫“父爱如山”。

当风雨袭来，一座大山确实能够提供安全的庇护；但如果生活风平浪静，家里若有一座“大山”，却是“看着碍眼，放着碍事”。在我的直播间里，妈妈们关于这个专有名词的吐槽是：“父爱如山，一动不动。”这类“槽点”实在是太多太多了。

妈妈 A：“我老公平时上班很忙，早上出门时孩子还没醒，晚上回来时孩子已经睡了。有一次，我抽不开身，让他去学校参加家长会，他竟然连孩子上几年级、在哪个班都不知道。”

妈妈 B：“我老公总抱怨孩子跟他不亲，但他根本不会和孩子互动，一下班就往沙发上一躺，孩子让他读书，他说他不会；孩子要他陪着玩游戏，他说他很累，难怪孩子跟他越来越疏远！”

妈妈C：“有一次，老师让孩子画一幅‘我的爸爸’，孩子踌躇半天，画了个‘火柴人’，因为‘想不起来爸爸究竟长什么样子’。”

讽刺吗？

上面三位妈妈描述的场景，可真不是个案……

每次在直播间里听到妈妈们讲述这些事情，我真是哭笑不得，但更多的是心疼，对这些家庭的孩子们心生怜悯。

爸爸虽然每天都会回家，却活成了家里的边缘人；虽然为了家人拼命工作，却沦为家庭的工具人，只留给孩子一个沉默而劳碌的背影。同为男性，同时也作为两个孩子的爸爸，我从很早以前就注意到了这种“透明爸爸”的存在，也就这一问题同很多爸爸进行过交流，直至我发现了一个真相。

很多爸爸不是有意逃避育儿责任，而是根本不知道如何去做，也没人告诉他如何去做，以至于他被动地与家庭互动之间砌出了一道墙。

关于产生这种现象的原因，我们可以从历史演变、社会角色、家庭传统等多个维度进行深入分析，比如“男主外，女主内”的传统家庭理念的影响、整个社会对父亲角色的普遍认知、原生家庭的教育模式等，但这并不是我在这一节要谈论的重点，正在看这段文字的部分爸爸们，不要再用“我得挣钱”“我得加班”“我很忙”“男人的压力很大”等理由为自己没参与家庭生活当借口了。众所周知，妈妈们一天也只有24小时，在参与社会竞争的同时，也承担了更多的家庭教育工作。

如果你正巧兼具“忙碌上班族”和“爸爸”这两个角色，那么，关于

“如何更好地陪伴孩子成长”这一话题，我们不谈为什么，只谈如何做。

• 爸爸究竟能干什么

对于妈妈来说，她与孩子的互动，天生就比爸爸多了一层生理上的连接，虽然妈妈们也不是生来就会做妈妈，但在家庭之中，妈妈的确可以很容易找到自己的位置。

但对于爸爸，因为他们没有孕育与哺育孩子，没有与孩子天然的情感联系，更没有课程和案例告诉他们如何在赚钱之外得体地参与孩子的成长。所以，我们经常在一个家庭中看到如下情景。

妈妈与孩子亲密无间地分享各种小事，爸爸却像被一堵无形的墙隔在了这种亲密之外，不知道该如何去介入。久而久之，爸爸找不到自己在家庭中的位置，他与孩子之间的鸿沟就越来越大，这种亲子关系甚至会阻拦爸爸回归家庭的愿望。

关于这一问题，作为两个孩子的父亲，我也经历过很长一段时间的思考和摸索。我是一位创业者，工作时间不是一般意义上的朝九晚五，但我的工作压力和工作强度绝对超过大多数不惑之年的男性，尤其是在我的公司开始做知识 IP 和直播之后，我每周的日程排得满满当当的，要直播，要管理团队，要打磨课程内容，要与客户洽谈商务……还要处理各种突发事件。在育儿这一方面，我确实有分身乏术的感觉。那段时间，我对孩子们的态度，出现了两个极端。

一方面，我会感觉因为工作亏欠了孩子，所以有时间陪伴他们时，就拼命满足他们的要求，在减轻自己内心亏欠感的同时，我也希望在他们心里维持一个好爸爸的形象；另一方面，因为错过了孩子的成长，我会迫切地想知道他们身上发生的变化，所以和孩子在一起的对话通常都是“提问—回答”的模式，孩子们觉得无趣，我也觉得自己不像爸爸，倒像学校里的教导主任。

为了有更多的时间参与孩子的成长，我想出了一些“创造性”的方法，以做到上班带娃两不误。

见缝插针：随时、随地陪孩子。

白天上班没时间，我就利用晚上和周末的时间陪伴孩子，比如周六、周日，我身边有很多亲朋好友会给孩子报很多课外班，一到周末，孩子和大人的时间排得就跟打仗似的，孩子几乎没有自己的空余时间。而我家是这样安排的：我会在周六挤出一天的时间，和妻子分别陪伴两个孩子上舞蹈课、围棋课、乒乓球课，我会刻意把孩子周末的兴趣班控制在 3 门左右；周日的晚上会有一门钢琴课。除此之外，在周日的白天，我会推掉一切应酬，全身心地带孩子去玩、去疯、去做他们真正喜欢做的事。

“又是一年三月三，风筝飞满天。”

每年的春天，一到周末，我们家的固定项目就是带着孩子们去放风筝。蓝天、白云、草坪、欢笑，仰望数百米外的各式风筝，真的是令人心旷神怡。这个只属于我们家的春天项目，我和妻子已经坚持了 6 年。为了满足孩子们对天空的探索和对各种花式风筝的好奇，我充分满足他们提出的要求：奥特曼风筝、艾莎风筝、鲸鱼风筝等，时至今日，我们至少已经将 30 枚风筝收入囊中，还越玩越专业，最高纪录为将风筝放至 800 米高。我还经常邀请孩子们的好朋友一起来放风筝，在孩子们的欢声笑语中，忙碌了一周的自己也充分得到放松。

此外，周末陪孩子上课的任务，也基本包在我身上。为了给友友找一个适合的钢琴课，我带着他体验过好几个不同段位、不同价位、不同风格的课程；好好喜欢舞蹈，我也带着她多次试课、选老师。

很多家长陪伴孩子上周末课外班时，手里捧着手机，既无聊又焦灼。但我不同，在等待孩子下课的时光，我会提前安排手头的工作或读书，每个周六的课外班门口都会出现我读书的身影，我对此既期待又有充实感。

爸爸们，不要再推脱没有时间了。实际上，所有的“没有时间”翻译过来都是“这件事优先级不够高，不值得你花时间去做”而已，与其让妈妈一直向孩子强调**“爸爸真的很爱你”，不如让孩子自己感受，那才是真正的爸爸温度。**

而你要做的，就是在你力所能及的范围之内，把陪伴孩子这件事的优先级调高，用对待大事的态度，对待跟孩子在一起的每一个瞬间。

只要每周带孩子做两件事，孩子的幸福感会瞬间爆棚！比如，你可以从以下活动中进行挑选。

（1）和孩子比赛谁跑得快；

（2）和孩子一起进行搞怪自拍；

（3）让孩子和你一起准备晚餐；

（4）和孩子一起做家务；

（5）每周吃一次好吃的“垃圾食品”；

（6）肆无忌惮地打“枕头大战”；

（7）和孩子一起唱歌跳舞，多难听、多难看也无妨；

（8）下雨天和孩子一起踩水坑，即使没有穿雨鞋；

（9）和爷爷奶奶姥姥姥爷视频聊天；

（10）用床单搭一个帐篷在里面聊天、读书；

（11）与孩子分享你儿时的故事、旧照片、信件；

（12）充满善意地给孩子一个拥抱；

（13）和孩子一起完成一幅拼图，感受成功的喜悦；

（14）认真地和孩子聊天，说一说新鲜事和趣事；

（15）参加亲子运动会；

（16）一起做志愿者，让孩子成为有爱心的人；

（17）和孩子一起制作贺卡，送给想送的人；

（18）和孩子一起晒太阳，放松心情；

（19）和孩子一起荡秋千，享受欢笑；

（20）和孩子一起在公园散步、玩沙子、打水枪；

（21）和孩子一起画画；

（22）和孩子捉迷藏，把家里变成冒险岛；

（23）和孩子一起逛超市，买零食和柴米油盐。

如果你周末也没有时间，不妨利用好以下几个时间段，见缝插针，同样可以参与孩子的生活。

（1）利用早上起床时间。孩子刚起床时往往精力充沛，可以趁此机会带他进行一些晨练活动。这样不仅增进感情，还能帮助孩子养成良好的睡眠习惯。

（2）利用孩子上下学的时间。上班路上顺便送孩子上学，或是在下班路上，顺便接孩子放学，这些都是陪伴孩子的好时机。你可以一边开车，一边跟孩子聊聊他在学校发生的趣事，由于在路上聊天不会产生目光接触，孩子更容易对你敞开心扉。

（3）利用做饭时间。与其自己在厨房忙碌，把孩子丢给电视或手机，不如让孩子到厨房与你一起做饭，比如让孩子帮忙择菜、洗菜、擦桌子等，温馨愉悦地互动，会比饭桌上的聊天有趣和自然得多。

（4）利用睡觉时间。孩子在临睡前是最放松的，利用这个时间跟他聊聊天，讲讲故事、说一句晚安等，都会让他感知你的存在。

如果去外地出差无法见面，爸爸也可以通过电话、视频等方式，与孩子分享一些外出的趣事，哪怕只是一句简单的“早上好”“晚安”，或是出差回家后带给孩子的一点小礼物，都可以让孩子感知到“爸爸”的存在和关爱，拉近父子之间的心理距离，为其提供来自父亲的安全感与信赖，弥补父子关系在时间空缺与空间上的距离。

（5）养植物

我会带着孩子一起松土、种花、种菜，这是培养孩子耐心、爱心和责任心的最好时机；看着我们一起种下的种子发芽，孩子们的欣喜很难用语言形容，那是孩子看到静默的生命积极向上的时候才有的欢喜和雀跃。

我在一个演讲中看到一个观点，对我的启发很大。演讲者说：**“不要给孩子养宠物，但要给孩子养植物。**为什么？当你养一只小狗，小狗给孩子的所有反馈都是即时的，逗它一下它就冲你摇尾巴，会迅速冲你要食物，要关怀，你会迅速让孩子陷入与小狗的快速互动中；而养植物不一样，每天浇水施肥的变化你看不见，养植物有助于培养孩子的耐性，你们可以一起看着它生根、发芽、开枝、散叶。**让孩子养植物，他会自己给它创造意义，而不是由小狗给他输送意义。”**

你看，**在陪伴孩子过程中，我们自己收获的人生价值远远大于孩子本身。这也是你主动创造意义的过程，不是吗？**

• 带娃是应该享受的

很多忙碌的爸爸，都是在事业上对自己非常狠、特别拼的人。在他们的认知中，工作时间与财富多少是成正比的，而“带娃”既浪费时间，又收不到及时的正反馈，显然不是一项性价比很高的活动。

然而，我想问的是：作为一个男人，我们在事业上拼尽全力的地基是什么？

对我而言，我觉得我所有的工作动力都是家庭，特别是在有了自己的下一代之后。记得在我第一个孩子出生时，我整整三天没睡着觉，不是因为激动，而是在重新审视自己。因为孩子的降生，我背负的责任更重了，肩上的担子更沉了，但在更多的时候，他让我对未来充满了希望。这些希望，恰恰是我作为一个男人、一个实践者、一个行动者在前行路上非常宝贵的助推器。从那一刻开始，我的人生不只完成了一次升级，更是开始了一次全新的重启。

每天挤出时间去陪伴孩子，不是一种牺牲，而是乐享其中。在与孩子相处的时间里，你能体会一种前所未有的感觉，这件事本身，就已经能让人感受足够的能量。

• 只管努力，把结果交给时间

我在直播间经常讲一句话，叫“因上努力，果上随缘”。很多人年轻时忙于工作，为了赚钱牺牲了和孩子相处的时间。他们总说，孩子大了就懂了，然而，这一天却迟迟没有到来，孩子们没有如他所愿般看到这座“大山”的存在，反而渐行渐远。

我们在前面提到了父位缺失对孩子成长的重要影响，在这里不再赘述，只从孩子的成长体验来说，哪个孩子不喜欢在爸爸身上爬高呢？哪个孩子不愿意跟爸爸一起去户外探险，体验不一样的视角和玩法呢？确实，**爸爸作为孩子的社交伙伴，他的很多功能是妈妈无法替代的。**

社会心理学家埃里希·弗洛姆（Erich Fromm）曾在《爱的艺术》一书中用这样一句话来形容父母之爱的不同：母亲代表自然世界，而父亲代表的思想世界是人所创造的法律、秩序和纪律等事务的世界。父亲是教育孩子、向孩子指出通往世界之路的人。

对于孩子来说，妈妈在生活上的悉心照顾，与爸爸在行为上的言传身教，都是成长中必不可少的一部分，只有双方处于一个平衡状态，才更有利于培养出孩子的独立能力和自信心。

孩子的成长无法等待，他们需要被爱浇灌。与其在孩子远离之后，再去抱怨和挽回，不如反思一下自己是否缺席太多。**多在原因上下功夫，少在结果上提需求，每天做一件小事，就能产生看不见的能量。**

第八章

孩子上学以后，爸爸如何陪伴孩子学习和成长

"疯爸"养育金句：

- 培养孩子的丰富性，增加他探索世界的多元触角，建立与孩子的多节点连接。
- 孩子的大脑发展是一个循序渐进的曲折过程，要遵循孩子生理发展的客观规律，降低心理预期。
- 每一个孩子都是一块未经雕琢的璞玉，不放过任何可以表扬孩子的地方，为孩子组建"夸夸团"。
- 这个地球之所以美好，是因为它没有放弃每一种色彩。
- 焦虑的家长是站在现在看未来，平和的家长是站在未来看现在。
- 一切以孩子的"人生逻辑"为第一要务，让孩子学会感受快乐的能力比寻求胜利的结果重要。
- 一个孩子是否优秀，成绩并不是唯一的评判标准，在人的一生中，丰富比优秀更重要。
- 人类唯一的优势就是我们充盈而丰富的精神世界，以及所产生的灵感。

- 培养快乐的孩子，是父母的终极使命。
- 这是一个父母们觉醒的时代，不仅妈妈们在觉醒，爸爸们也在觉醒。
- 遵循客观规律，放弃不合理期待。
- 父母有一种恶的来源，就是对孩子望子成龙、望女成凤，将效率、成绩作为评价孩子的唯一标准。
- 孩子的能量来自孩子的快乐，来自孩子对这个世界的感受，来自孩子跟这个时代的适配度和连接能力。
- 磨蹭不是孩子的病，催促才会要父母的命。
- 很多时候不是孩子不够优秀，而是我们太心急了。
- 我们都应该庆幸的是，等待很难，但等待很值得。
- 放弃“100 分”，去爱你的孩子，而不是爱这个数字。
- 在一个丰富的生命中，有很多比追求胜利结果更重要的东西，如果我们可以系统地、中立地把这些技能传授给孩子，那将会是我们能够给予他们去应对这个不确定世界的最好礼物。

有一天晚上，我正在陪孩子们一起读书。友友突然冒出来一句话：“你们大人可真奇怪。”“哦？为什么呢？”我也放下了书本，好奇地等待他的回答。

“每次小孩过生日，大人都会说‘祝你健康’‘祝你开心’‘祝你平安’，但只要生日一过去，大人的愿望就变成了‘你要好好学习’‘你要拿第一名’，才不管孩子快不快乐呢！”

孩子的世界是最纯真的。友友说完之后便又投入知识的海洋，但我却迟迟无法平静。

是啊，父母的心就是这样的矛盾，嘴上说着“不卷、不卷”，可一旦真的陷入了那片红海，面对一列列的成绩、排名，曾经的云淡风轻立即被剧烈的焦灼打得粉碎，什么科学育儿、快乐童年，都不如多报几个培训班来得心里踏实。

这让我想起了一则新闻：一个孩子在医院被确诊抑郁症，他的妈妈问医生的第一句话却是“孩子什么时候能去上学”。

多么悲哀的一句话，这不仅是一个家庭的悲哀，更是教育理念的悲哀。之所以会出现这样巨大的反差，根源就在于我们搞反了两个概念，将“人生逻辑”与“学习逻辑”弄混了。

我们都希望能帮孩子获得一个完美的人生，并将好的成绩、排名、进步当成开启美好人生的金钥匙，却在无形中将孩子的身体、情绪、健康、平安、快乐当成了牺牲品，这岂不是本末倒置了吗？

让孩子学会感受快乐的能力比寻求胜利的结果重要

焦虑的家长是站在现在看未来，平和的家长是站在未来看现在。

在生活中，很多人觉得我带娃轻松，向我请教保持“松弛感”的秘诀。其实很简单，用一句话来概括就是：**一切以孩子的“人生逻辑”为第一要务，让孩子学会感受快乐的能力远比寻求胜利的结果重要。**

在我看来，**一个孩子是否优秀，成绩并不是唯一的评判标准，在人的**

一生中，丰富比优秀更重要。更何况，你认为的成绩与结果，真的可以百分百为孩子的幸福保驾护航吗？

前段时间，人工智能领域的 ChatGPT 正式发布，成为新闻热议话题的同时，也引起了教育领域的关注。关于人工智能对未来教育的影响，清华大学经济管理学院的钱颖一院长说过这样一句令人警醒的话："人工智能能使中国现有教育制度下培养学生的优势荡然无存。"中国的教育是知识体系教育，知识的养成和能力训练是我们教育的基础。如果人工智能继续发展下去，凡是用算法驱动的机械重复的工作，未来可能都会面临被替代的危机。那么，我们的孩子将来进入社会之后，他们面对的竞争是什么样的？在未来，什么样的人才更有价值？

这一切问题的答案，我们都无从得知，但有一点确定无疑，即未来社会需要的人才一定不会去和机器做无谓的竞争，因为在机器擅长的领域，即使是人类巅峰的最强大脑都无济于事。人类与人工智能相比唯一的优势和区别，就是我们充盈而丰富的精神世界及其产生的灵感。

著名趋势专家丹尼尔·平克曾在《全新思维：决胜未来的 6 大能力》一书中预测了人类在未来生存需要的六种能力。

第一种能力是审美能力，也叫作设计感。相较于冰冷的机器，人类对于美的独特感受和鉴赏能力是无法替代的独特优势。这也是我们现在中小学教育在加强美育和体育的一个重要原因。

第二种能力是整合能力。随着世界的快速发展，某个单一学科、单一专业、单一的知识技能再也不能保障一个人一生无虞，你需要不断地用现有的东西去整合、去跨界、去做斜杠青年、去不断地寻找你与这个世界连接的全新方式。

第三种能力是讲故事的能力。现在这个时代不缺知识，不管你想知道什么，网上一搜，瞬间就能找到答案。随着未来人工智能的发展，知识更是唾手可得。唯一缺乏的东西，就是打动人的故事，只有会讲故事的人，才能将人的情绪和感性的部分充分调动起来，带来直击心灵的震颤。

第四种能力是共情能力。所谓共情，就是能体会别人的情感，对别人有人文关怀的能力。这就是我们经常说“情商比智商更重要”的原因，从小培养出的孩子的高情商，也会成为孩子的一项独特的竞争力。

第五种能力是意义感，通过意义感找到人生的终极幸福。一个人的生命有终点，你只有在生命中找到有意义的事情，找到你的定位坐标，看到自己的存在能给别人创造的价值，才能让人生迸发光彩。

第六种能力叫作快乐的竞争力，就是能够感受快乐、创造快乐的能力。正所谓“有趣的灵魂万里挑一”，只有你好玩、会玩，你写出来的东西、创造出来的产品才会充满人情味儿，才能和世界有更多的融合。

平和的家长是站在未来看现在。那么，对照你现在对未来的预测，你到底是要培养出一个成绩好的、知识型的，去用肉身跟人工智能“厮杀”的孩子；还是希望培养出一个快乐、有趣，能够从平凡的小事中获得幸福灵感的孩子呢？你究竟是只将“考第一”当成生娃、养娃的根本归宿，还是更想培养一个人格完整，有责任、有担当、心地善良，可以享受生命愉悦的人呢？

• 培养快乐的孩子，是父母的终极使命

相对于以前盲养盲教型的教育方式，如今的我们，有了更多的知识、

更多的精力，愿意付出更多的努力去培养孩子，可以说，**这是一个父母们觉醒的时代，不仅妈妈们在觉醒，爸爸们也在觉醒。**然而，这一觉醒的进程还远远没有完成，如果将以前盲养盲教型的父母称为“愚昧型家长”，那么，如今很多随大流去“鸡娃”的人，我将之定义为“混沌型家长”。

没有将孩子的成长逻辑理解通透，为了一个混沌的目标，使自己和孩子都陷入内卷的旋涡，给孩子身心带来很大损害，自己还一无所知，这是非常恐怖的一件事。

尤其是在孩子“幼小衔接”的这一段，如何让孩子顺利适应小学节奏，完成身份与习惯的转变，将对学习的抵触转换为快乐的动力，除了需要我们的用心，更需要一点点智慧和方法。

方法一：扩充参与触点，培养孩子的丰富性。

学习，并不局限于课堂。我们要帮孩子努力寻找的，是学育而不只是教育；是适合孩子的学习环境，而不是评价高的教学方法和教材。这并不是在否认教学的重要性，而是强调我们需要将关注的焦点从具体的教学一方转移到学习一方，也就是着眼于孩子本身。

就以写作来说，有的人会认为，我的孩子写得不好，是因为他没有上作文课，没有报作文班。其实不然，写作的核心是有感而发，如果孩子没有经历真正的有趣、没有体验过真正的自然，就算知道再多写作方法，也“巧妇难为无米之炊”。

为了拓展孩子的丰富性，你可以在生活中创造一些机会，有意识地带着孩子去体验、去感受，并以此为契机，有意识地通过语言去做一些引导提示。

- “发生了什么样的事情呢？你的感受如何？”（思考具体例子）
- 为什么会有这样的感受？（探索理由、引发思考）
- 你在哪里有过相似的体验？这次和上次有什么不一样？（寻找共同点或差异）
- 如果不这样做，会怎么样呢？（预测结果或后果）

增加孩子探索世界的多元触角，建立与孩子的多节点连接。只要方法得当，不用费太大的力气，我们就可以在愉快的氛围中激发出孩子好奇的天性，快速提高孩子的洞察力和独立思考的能力。这样被带出来的孩子，怎么会无话可写呢？

方法二：遵循客观规律，放弃不合理期待。

在给孩子制定学习标准、选择教育方法时，要充分考虑孩子的个人特点和实际能力，而不要只是干巴巴地讲大道理。

比如，有些家长让孩子从小学低年级就过早地开始学奥数、文言文，这种揠苗助长的行为不是“赢在起跑线”，而是“能力与标准不适配”，效果自然会大打折扣。

我曾经在直播间反复提及：**父母有一种恶的来源，就是对孩子望子成龙、望女成凤，将效率、成绩作为评价孩子的唯一标准。**然而，**孩子的大脑发展是一个循序渐进的曲折过程，父母要遵循孩子生理发展的客观规律，而不是按照自己想象中的剧本进行。**

如今，我们一直在提倡保护孩子的创造力，但最好的创造力来自哪儿？来自孩子充足的自我能量。那么**自我能量来自哪儿？来自孩子的快乐，来自孩子对这个世界的感受，来自孩子与这个时代的适配度和连接能力，**

来自孩子与周围的同学、老师、朋友甚至父母的超级连接能力。

相反，一旦孩子发现自己无论怎么努力都无法达到你的标准，“我不行”“我不能”的失败感就会充斥他们的内心，他们甚至会因此丧失继续学习的信心。

记住：**磨蹭不是孩子的病，催促才会要父母的命。**

很多时候，不是孩子不够优秀，而是我们太心急了。我们都应该庆幸的是，等待很难，但等待很值得。给孩子一片爱和宽容的沃土，让孩子静待花开。你永远要坚信，那个磨蹭的小蜗牛其实正在他的脑海中、在他的胸怀中慢慢地描绘自己的人生蓝图。

方法三：放大口碑事件，不放过任何可以表扬孩子的地方。

我曾经在路上看到这样一幕：一位妈妈挥舞着试卷，当众对孩子训斥：“没见过像你这样不争气的孩子！”“你怎么这么笨，我再也不管你了！”自始至终，那个小小的身影只是低着头，没有哭闹，没有反击，只是默默忍受着妈妈言语的羞辱，真的非常可怜。

我也见过很多严厉的爸爸，凡事都以结果为导向。一旦孩子没有达到他的期望，他就用言语讽刺和挖苦孩子，这些话像刀片一样，把孩子的心灵切成了“豆腐渣”，表面上是对孩子恨铁不成钢，却无意中给孩子的心灵留下巨大阴影。

回想一下，你有没有在无意中使用这样错误的语言交流呢？从今天开始，试着把那些未说出口的批评全部改成爱与鼓励吧！

每个孩子的内心都渴望听到这 6 句话：

- 对不起（一句“对不起”就能化解孩子的无数委屈）；

- 我爱你（在常说“我爱你”的家庭中，孩子一定能收获满满的温暖和爱意）；
- 谢谢宝贝（“谢谢”让孩子感受到了被需要、被肯定，也能让他学会感恩）；
- 我永远不会离开你（这句话给孩子充分的安全感，从而敢于大胆前行）；
- 走，我陪你一起（做孩子永远的后盾，成为孩子的支持者、陪伴者，会让孩子充满勇气）；
- 我为你感到骄傲（多说这句话，激发孩子的内驱力，让孩子自信满满，积极向上）。

每一个孩子都是一块未经雕琢的璞玉，成为孩子的“夸夸团”，当面夸、和爱人悄悄夸。你只有先给予孩子充分的肯定和信任，才能让孩子心中充满阳光，拥有克服困难、走出困境的勇气。

最后，再送给大家一句忠告：**放弃“100 分”，去爱你的孩子，而不是爱这个数字。**

当你的孩子为成绩忧虑时，看着他的眼睛告诉他：

“爱学习的态度比 100 分重要一万倍，我只在乎你喜不喜欢学习这件事，根本就不在乎那 100 分。”

也可以这么说：

“宝贝，记得，只跟过去的自己比就可以，爸爸妈妈永远都不会拿你跟别人比，因为，你是独一无二的。”

“爸爸妈妈能看到你在努力，比过去的自己进步了不少。你很棒！爸爸妈妈也在自己的事业上一直坚持向上，也有拼尽全力却拿不到好结果的时候，但只要我们在向前，就该给自己点个赞！”

转变思路，坦然地与自己内心的焦虑和解，并接纳它。告诉自己，不再将养育的目标定为培养一个成绩好、考高分的孩子，也不是去培养一个所谓懂事的孩子，而是培养一个快乐的孩子，培养出自由度极高的孩子，培养出丰富感极高的孩子，那才是真正的觉醒。

• 唤醒自己，快乐是一种能力

此时此刻，请放下手里的一切，试着回答一句话来对自己的孩子进行评价——“您的孩子是一个什么样的孩子？”

相信每个人都已经有了自己的答案。那么，我先来抛砖引玉：

我认为，我 10 岁的儿子友友是一个积极向上、阳光善良、暖心细腻的好孩子。虽然他的成绩中等，也没有在哪方面表现出极大的天赋，可能在外人眼里，他就是一个非常普通的普通人，但是，我可以看到他的生活过得有趣，每天都很阳光，还给身边的人带来很多正能量。

我 7 岁的女儿好好是一个开朗乐观、想象力强、坚持不懈、有韧性的宝贝。虽然她偶尔会闹点小脾气，但是，那个时候的她最可爱。她比哥哥细心，记得有一次我在厦门出差，她给我准备了 7 个手工盲袋，那可是她花了两个星期精心制作的，也是打心眼里向离开家一个多月的爸爸表达的依恋。我从中看到的是女儿的温暖和细心，她每天都在享受醒着的每一分、每一秒，对自己喜欢的手工、画画异常专注，给布娃娃们上课时也格外投入。

这还不够吗？我创业过程中有很多次撑不住的时候，都是友友和好好给了我四两拨千斤的力量，还有很多让我意想不到的鼓舞和支撑。

在法国儿童教育学界，有一个共识："一个阳光快乐的孩子是一个能自主的孩子，他有能力面对生活中的各种困难，也能在社会中找到自己的位置。快乐是一种能力。"对我来说，一对拥有天使般性格的儿女就是我最大的收获，所以我为拥有他们而骄傲。

别忘了，**在一个丰富的生命中，有很多比追求胜利结果更重要的东西，如果我们可以系统地、中立地把这些技巧传授给孩子，那将会是我们能够给予他们的，去应对这个不确定世界的最好礼物。**

有一天孩子突然间就开窍了

"疯爸"养育金句：

- 孩子的开窍是在一夜之间完成的！这是真的，为人父母必须相信！
- **所谓开窍，是孩子的知识储备从量变到质变的过程。**
- 每一个孩子"开窍"的背后，都有不断犯错、试探、遭遇挫折后的突然觉醒作为支撑。
- 生活本身，就是孩子最好的进步平台。
- 孩子的成长本就是一个"三分教、七分等"的过程。

- 帮孩子“开窍”最好的催化剂，就是爸爸对孩子的认同。
- 有趣好过完成，完成好过完美。
- 学习“游手好闲”，远远好过游手好闲地学习。

一直不会学习、做事拖拉的孩子，会突然在某一天像被打通了任督二脉一样，从此由“学渣”变“学霸”，再也不用让妈妈操一点儿心。关于孩子会“开窍”的说法，几乎是各种“妈妈群”里颠扑不破的真理。每当有人对此质疑，都会有人站出来，用自己的亲身经历作证。

根据大家对“开窍说”的种种描述，我总结出了孩子在开窍后的典型特征，包括但不限于以下几种：

- 平时调皮的孩子突然变得很安静；
- 从以前的磨磨蹭蹭变得很有条理；
- 成绩突飞猛进；
- 会主动理解父母的良苦用心；
- 摆脱了幼童的稚气，变得沉稳负责……

于是，有人对孩子开窍的到来翘首以待——“孩子成绩不好不要紧，以后开了窍就好了”“任性不懂事不要紧，开了窍就好了”；有人充分发挥个人的主观能动性，寻找能让孩子早点开窍的灵丹妙法；还有人对这一说法将信将疑，不置可否……究竟这一说法是真的存在，还是父母们用来自我安慰的谎言呢？

• 不用怀疑！孩子真的会在某一天突然“开窍”

美国脑科学家研究发现，一个人的智商高低和大脑皮层中的神经元数量有直接关系，神经元相连会形成一个大的神经网络，而网络中的连接数量、传输速度将决定孩子学习能力的强弱——传输速度越快，孩子的学习能力越强，智商越高。

然而，由于孩子的大脑还处于发育之中，很多神经网络连接尚未成熟，导致信息在脑内的传输速度受阻。

举个简单的例子，就像快递的流通需要经过一个个驿站的输送，如果途中有好几个驿站没有投入使用，导致物流受阻，送达时间就会明显延长。同理，在孩子未开窍时，脑中也有很多尚未启用的关键设施，这种未完工的状态，会导致孩子在学习时效率很差，还常常记不住东西。

一旦这些“基础设施”搭建完成，也就是孩子脑内的神经网络被打通，大脑神经元处理问题的速度会瞬间提升几个量级，体现到孩子的行为上，就是“突然变聪明”了。

所谓开窍，是孩子的知识储备从量变到质变的过程。

我们在生活中也会有这样的经历，比如学一门陌生的语言，刚开始什么都不懂，看什么都像鬼画符，但只要你坚持学习，就会在某一天迎来自己的开窍时刻，曾经遮在自己眼前的迷雾突然被风吹散，眼前的文字顿时变得清晰无比。

孩子在成长的过程中，从对世界的一无所知到慢慢探索认知，同样要经历这种从零到一的渐变，就像搭建房子一样，刚开始会搭建地基、修建围墙，完全看不出房子的形状，直到一层层叠加之后，才会由量变升级为质变，从一堆钢筋水泥变成高楼大厦。一旦孩子脑内的知识大厦搭建成功，曾经混乱无序的知识会瞬间被收纳完毕，曾经看似无用的材料都被赋予新的意义，这就是我们常说的“开窍了”。

从这一原理来说，孩子的开窍，并不是一个随机性的事件，更不是天上掉馅饼。如果你迟迟没有等到那个神奇的时刻，该怪的不是孩子，也许正是你自己。

• 做了这些，孩子可能一辈子不会开窍

孩子的开窍，不会遵循一个统一的时间点，也没有人能保证它必然到来。要想加速这一进程，首先要从大脑的硬件条件入手，为孩子提供足够的营养成分，如蛋白质、葡萄糖、维生素等，这些都是大脑发育的必要物质。

其次，我们还要警惕一些日常行为给孩子的大脑造成不可逆的损伤。

· 父母吼叫式教育

孩子大了不听话怎么办？相信很多家庭都采取过“一个扮红脸，一个扮白脸”的双簧式打法，而那个“坏人”的角色，通常都是由爸爸来担任。

“你再不写作业，我就叫你爸爸来打你！”

“还磨蹭，看你爸回来怎么收拾你！”

相对于妈妈轻风细雨般的温柔，爸爸用吼叫、打骂等方式对孩子形成的绝对威慑，一经使用，绝对立竿见影。然而，这可不是爸爸带娃的独特

优势，反而是每位爸爸都要警惕的“教育黑洞”。

科学研究证实，如果孩子长期生活在紧张的家庭氛围之中，压力水平就会上升。这时，大脑就会分泌一种激素来消除压力产生的毒素，这种激素就是皮质醇。皮质醇分泌过多，会误伤大脑中的正常细胞，其中就包括海马体。

海马体位于大脑丘脑和内侧颞叶之间，属于边缘系统的一部分，主要负责短时记忆的存储转换和定向等功能。

简单地说，海马体就是负责孩子记忆和学习的关键脑神经组织。

爸爸吼叫越凶，孩子心里越害怕，大脑的损伤程度越大。为了避免“越骂越不聪明”的恶性循环，爸爸们一定要学会降低音量。因为在很多时候，“润物细无声”比“狂风暴雨”更有效。

· 孩子过度使用电子屏幕

玩手机、看电视过多，孩子的大脑发育模式会向“只单纯观看和不停转换关注对象，而非集中注意力”的方向转变。这种模式一旦形成，会对孩子未来的能力发展造成阻碍。

· 父母对孩子缺乏有效陪伴

一边看电视、刷手机，一边陪孩子，是很多爸爸的习惯做法。可能有人会说，孩子小的时候，要放下手机跟他玩，现在孩子长大了，难道还要我一直盯着他吗？

殊不知，这一行为正在偷偷破坏孩子的一个非常重要的能力，即“联合注意力”，也就是“孩子能跟我们共同关注一件事情的能力”。这个能力将决定他在将来上学时，注意力能不能跟上老师的节奏。所以这种情况也要杜绝。

· 孩子缺乏运动

孩子在运动时，注意力更集中，大脑神经元之间的连接更丰富，从而刺激海马体的增长，提高记忆力。作为家庭里的体力担当，爸爸们与其坐在家里责怪孩子“榆木脑袋不开窍”，不如反思一下，是不是自己给孩子的大脑发育拖了后腿。

· 孩子缺乏睡眠

孩子睡眠时间不够、不规律，会干扰大脑对外界信息的接收和处理效率，还会影响前额叶皮层的功能，影响大脑处理复杂问题所需要的认知能力。由于大脑前额叶要到 25 岁才发育完善，所以相比于成年人，睡眠不足对儿童和青少年危害更大。

• 仔细捕捉开窍的信号

前段时间，一位嘉宾曾在直播间分享了他孩子的成长瞬间。

因为工作上的调动，有段时间妻子很忙，晚上很晚才能回家。每当孩子为此抗议时，爷爷奶奶就哄他说：“妈妈去姥姥家吃饭了，很快就回来。”然而，这样的谎言一次两次可以，时间长了就失去效果。有一天晚上，孩子突然委屈地问："爸爸，妈妈为什么总去姥姥家吃饭，她怎么不回家呢？"

他赶紧对孩子解释："妈妈没有不回家，但妈妈也有自己的工作呀，不可能 24 小时陪着你，到了晚上妈妈就回来了。"孩子默默地点了点头。晚上九点左右，妈妈终于到家。这次，孩子破天荒地没有立刻扑上去诉说自己的委屈，而是倒了杯水，端到妈妈跟前："妈妈，你辛苦了，想不想喝水？"他之前从来不会说这句话，所以他们两口子都感到非常惊讶。就是在那一刻，他才突然觉得，孩子真的在一瞬间长大了。

每一个孩子开窍的背后，都有不断犯错、试探、遭遇挫折后的突然觉醒作为支撑。

如果将孩子的开窍比喻成熊熊燃烧的火苗，那么大脑的发育就是必备的干燥木柴，要想将木材点燃，光靠孩子自己发热可能会经历比较漫长的等待。然而，如果我们能够在生活中发现他们思维中偶尔迸发的火花，比如突然蹦出来的成语、突然出现的行为、突然爆发出来的特别情绪等，将之仔细捕捉，耐心引导，就有机会让火花发展成燎原之势。

第一步，认真倾听，让火花绽放。

当我们看到孩子突然而至的改变或听到孩子突然迸发出精妙绝伦的语言时，一定要学会闭上嘴巴、认真倾听，仔细听、耐心听，去感受孩子正在跟你去迸发的那些火花。即使他的表达结结巴巴、哆哆嗦嗦、词不达意，甚至让你摸不着头脑，也没有关系。

千万别着急，给他充足的时间去表达，让他思想的火花自由绽放，也许，在他表达出这个词语的背后，是他正在试图努力串联起整个思维的地图。

第二步，巧妙运用生活中那些灵光乍现，与孩子展开交流和对话。

以上面的例子来说，当你回家时，发现孩子主动给你倒水。这就是一个很好的机会，你可以这样开启话题："哇，谢谢儿子，你是怎么想到给我倒水的呢？""你有没有看到我也给你倒过好几杯水呢？"

巧妙利用生活中的细枝末节和灵光乍现的每个瞬间，在你捕捉到孩子表达欲旺盛的时刻去和他开放式交流，尤其要尽全力去倾听，这恰好是一个拓展兴趣和打开视野的过程。这比你逼着孩子去读书，让孩子正儿八经参观博物馆重要得多。

第三步，永远保持开放的心态。

先给大家分享一个真实故事。

有一次孩子放假，我们全家四口聚在一起下围棋。下到一半，孩子觉得有些无聊。我灵光一闪，拿起一颗围棋说："我来考考你们，生活中只有白色和黑色的事物是什么？""熊猫！""斑马！""平衡车！"我们四个七嘴八舌地展开联想，最后大家都想不出来了，一直没有参与讨论的女儿突然补充道："我知道！还有人的眼睛！"真是一个神奇的脑洞，我立刻给她鼓起掌来。

别停下，继续！试试看我们还可以顺着上面这个话题进行哪些延伸思考呢？比如：平衡车为什么是黑白的？白色更容易怎么样？为什么不能全用黑色？通过对话，就可以把一些物理知识借势教给孩子。

很多人强调要锻炼孩子的思维。其实，生活本身，就是孩子学习和进步最好的平台，利用生活中常见的事物展开联想，不仅不会苍白无聊，还会让孩子的潜力得到更好的发挥。

• 男孩开窍，爸爸是关键

都说“女孩懂事早，男孩开窍晚”，我对这一点深有体会。

作为一个 10 岁男孩和 7 岁女孩的爸爸，我发现，男孩和女孩真的不一样。有一次我出差回到家，女儿特意画了 6 个盲盒贺卡送给我，而儿子就站在一旁：“爸爸，我可什么都没给你准备。”让我哭笑不得。

女孩开窍普遍早于男孩，主要是生理结构决定的。简单来说，男孩脑中的胼胝体比女孩小，而胼胝体是负责连接左右脑工作的重要部位，如果胼胝体发育不成熟，大脑在接收信息时就会受阻，所以，男孩不仅在生长发育方面会晚于女孩，开窍时间也是如此。

如果想让家里的“傻小子”早一点儿踏入轨道，就该爸爸上场了。

心理学专家李玫瑾教授说过，0 ~ 6 岁是孩子与母亲建立安全感和依恋的重要时期，而 6 岁之后，孩子对爸爸的认同感会逐步增加，尤其对于男孩来说更是如此，研究表明，男孩在 6 岁之后，随着睾丸素开始大量分泌，他们的身体开始迅速发育，此时，爸爸就是他最好的模仿对象，爸爸对孩子的认同也是帮他开窍的最好催化剂。

作为爸爸，你可以和孩子聊生活、聊学习、聊工作，即使什么也不说，孩子也会通过观察爸爸的行为来学习和模仿。因此，如果想让孩子早点儿开窍，最有效的捷径就是：你自己先要做到。

比如，你想教男孩掌握“分寸感”，那么你自己首先要做到从言行上尊重别人；如果想培养孩子的“责任感”，那么你自己可以主动做家务，在日常生活中做孩子的榜样；如果想引导男孩注重仪表，那你平时就要树立良好的外表形象，保持房间和衣着的整洁；如果想培养孩子好的性格，自己先做一个情绪稳定的爸爸……不要觉得这些小事无足轻重，恰恰相反，你的一举一动，都对孩子的成长意义非凡。

这个世界从来没有立竿见影的教育，别让你的节奏带偏了孩子的节奏。

如果说你已经尽力了，还是没有让孩子在短期内得到成长。别灰心，孩子的成长本来就是一个“三分教、七分等”的过程。你要永远坚信，你的孩子可能走得很慢，但一定可以走得更远。因为，在你看不到的地方，他正在努力向下扎根、默默耕耘，等雨水到来的那一天，他的成长速度会远超你的想象。

用游戏力让孩子充满学习的动力

请想象这样一个情景：孩子好不容易取得了进步，考试成绩从 85 分提升到了 90 分，兴奋地把试卷拿到你的眼前。这个时候，你会对他说什么呢？

A. 才进步了 5 分，你别太骄傲，离 100 分还远着呢！

B. 考得不错，但一次不代表永远，要继续加油、努力！

C. 哇！简直太棒了，我们出去吃冰激凌吧！

很多家长可能会在 A、B 两个选项之间交替使用。尤其是选项 A，更是被很多父母用作激励孩子的“话术”，而选项 C 则会被大家认为是只有不靠谱的爸爸才会说的话，这是绝对不可对孩子轻易言说的禁忌之语。

“满招损，谦受益”，很多父母担心孩子会因自己的纵容翘尾巴，停止进步，因此想使用“激将”法激发出孩子强烈的学习动力，但是，孩子究竟会不会为此买账呢？

• 不要用战术上的勤奋，掩盖战略上的懒惰

我在直播间讲课时经常会说到这样一个真实而扎心的案例。

有一天，妈妈正陪着7岁的孩子在家中写作业，孩子磨磨蹭蹭，就是不肯好好用心，妈妈急了，一把将孩子桌子上摆放的奥特曼卡片拿过来，说：“马上就要开学了，还成天就知道玩，一点儿上进心都没有。”说完，不顾孩子阻拦，就撕掉了所有卡片。看着满地的碎片，孩子崩溃了，从书包里拿出来一张写着98分的试卷，那是孩子付出多大的努力才取得的高分啊。

接下来的一幕更扎心，孩子举起试卷，用力撕碎，哭着对妈妈说：“你把我心爱的东西撕碎了，我也把你心爱的东西撕碎！”

对这个案例，我希望大家能屏气凝神，认真地去想一想。孩子为什么会说出那样的话？因为孩子内心的真实想法是：妈妈只爱我的成绩，只爱那个考满分的我 → 只有考出好成绩才能得到妈妈的爱 → 学习不是自己选择的，而是被动选择的生存之道。

以前，我在陪孩子写作业时也经常被他吊儿郎当的样子气得半死，每天催着、赶着他去学习、上网课、完成作业，效果却不尽如人意。因为孩子的不配合，每次让他学习都连吼带吓才能让他在凳子上安静那么一小会儿，只要我一走开，他立刻又恢复原样。

看着他在桌子前痛苦煎熬的样子，我觉得自己似乎走入了一个误区。别忘了，可能孩子比你还要痛苦。如果一件事情的解决方法让事件双方都感到痛苦，那么这个解决方法就是错误的、无效的。当我尝试用这个思路去思考问题时，才终于发现其实自己只是看上去在陪孩子写作业而已，我以往所认为的鞭策和激励，对孩子来说都是无效的。因为，这是一种非常扭曲的学习观，搞错了学习的主体和本质，只是不停地用战术上的勤奋掩盖战略上的懒惰。

• 激发孩子的内在学习力

为什么很多孩子不愿意学习？并不是对他们来说学习真的有多么难、多么枯燥，而是我们用成年人的思维消解了孩子对学习的热情。

心理学有一个名为“内驱力”的经典概念，即“激起行为的原动力”。具体来说，就是“在需要的基础上产生的一种内部唤醒状态或紧张状态，表现为推动有机体活动以达到满足需要的内部动力”。注意，内驱力是一种内在的自我驱使的原动力，也就是内在动机。

在生活中，我们经常会有这种体会：本来是自己愿意去做的事情，一旦被人催促，反而会产生厌烦情绪，突然不想去做了。外部力量的介入，让这件本来“我想去做的事情”变成了“别人想让我去做的事情”，那么我做这件事的动机就会瞬间从“内部动机”转变成“外部动机”。同理，如果孩子没有开启内驱力，那么他在学习上的动力就会取决于父母催促的次数，他的成长也只能在你一次一次的吼叫、一场一场的唠叨中艰难前行。

如何才能将打开孩子学习的内驱力开关，从外部驱动转换到内部驱动呢？不妨把这个难题交给爸爸，当孩子无法靠自身力量发现学习乐趣时，可以借助游戏化的方式，点亮他们心里的光。

1. 用游戏激发孩子的创造性和想象力

学习与游戏的区别是什么？当然是学习比游戏更枯燥，但踢球训练不枯燥吗？跑步不单调吗？拼积木不重复吗？为什么孩子对这些却乐此不疲？根本原因是：孩子可以从这些游戏中获得积极的体验，这种体验带给他的快感让他在游戏的机制中不断获得正反馈，从而获得源源不断的动力。

比如，孩子经常忘记写作业，父母最错误的做法就是让孩子“把错字给我写十遍，写一百遍”，时间长了，孩子脑海中就会对写作业这件事建立一个特别痛苦的记忆，一提到作业，他就会想到父母否定自己时的样子，因此对学习产生了一种本能的抗拒，因为他的内心根本没有热爱，你越逼迫，他越痛苦。

最好的办法，就是要让孩子把写字、认字当成有趣的事，当成游戏。我在直播间常说这样一句话：“有趣好过完成，完成好过完美。”你可以试着在家里和孩子开展一些亲子比赛：和孩子比赛整理书包；举办“1 分钟演讲比赛”；每周和孩子一起制作一份简报等。

这些游戏能让孩子获得赢的机会，体会到学习中的成功感，可以让他在挑战中不断提高自信，激发自我效能。同时，也可以让孩子在准备这些游戏的过程中，培养自主学习意识，最重要的是让他在游戏中扭转“学习真无聊”的印象。当然，给孩子制造机会获胜，爸爸的“演技”一定要过硬。如果让孩子看出你有“放水”嫌疑，效果可能会大打折扣。

2. 带孩子去“游手好闲”

约·贝勒斯曾说：“学习‘游手好闲’，远远好过游手好闲地学习。”

很多家长觉得，只要孩子坐在那里学习，就比疯玩疯跑强，至于孩子坐在书桌前有没有用心学习，效率有没有提高，并不在他们的考虑范围之内。这就导致了一种现象，叫作“假性学习”，孩子虽然看上去很努力，实际上却是人在心不在，过手不过脑。

我总结了 6 个“假性学习”的特点，大家可以对比一下。

- 平时上课埋头苦抄，下课看笔记看不懂，又要花好多时间重新理解；
- 遇到不会的练习题时，思考不到一分钟就翻看答案解析；
- 买漂亮的本子，用最花里胡哨的笔写最长期的计划，却做最短的坚持；
- 错题本整理得整整齐齐，却很少去翻看；
- 遇到难题就跳过，“学霸”用一小时思考难题的逻辑，他用一小时练习早就会的 10 道题，还成就感满满；
- 眼高手低，平时感觉都学会了，一到考试就翻车。

如果你的孩子出现了 3 种以上的上述情况，那你就要当心了，说明孩子没有真正投入百分之百的精力去学习。虽然他的身体在书桌前，头脑想的是要看动画片、电影，想的是下楼和小朋友们一起去玩，想的是今天学校里发生的一件事情，想的是自己在漫画书中看到的一个跟此刻学习没有任何关系的东西。与其这样游手好闲地学习，倒不如去学习“游手好闲”更能激发大脑动力。

有人可能会说，学都没学好，还浪费时间去玩，岂不是更赶不上？我不认同这种说法。上面提到的学习“游手好闲”，比如说带孩子去爬山、观察自然，在路上就可以顺手查查这座山的来历、自然界动植物的变化；带孩子养一株植物，从埋下种子的那一刻起，观察植物每天的生长和变化。

这里的“游手好闲”可不是玩手机、打游戏，而是带孩子去体验更大的世界、丰富的领域，比如音乐、体育和美术，利用周末或放假时间，带孩子去听音乐、唱歌、跳舞、弹吉他、弹钢琴……虽然看上去“不务正业”，却可以为孩子提供更多的选项，让孩子找到自己真正感兴趣的领域，并专心投入其中。孩子玩得开心，才会学得专心，这种游戏体验带给孩子专注力的提升，正是提高孩子学习内驱力的重要法宝。

3. 帮孩子写作业

教育专家尹建莉老师在其畅销书《好妈妈胜过好老师》一书中写道：

有一天，女儿圆圆又在写作业时表现出不耐烦，我就认真地了解了一下她当天的作业内容。感觉有些东西确实不需要写，或不需要写那么多。比如生字，老师总是以“行”为单位布置，几乎没有以“个”来布置。动不动就要求写 2 行、3 行，甚至 5 行。我相信一个孩子如果愿意去记住 1 个字的话，他是用不着写这么多遍的。我想了想，问圆圆：“是不是这些字你都会认，也会写了，觉得不需要写那么多遍？”她说是。我说：“这样，你不要看书，妈妈读，你默写。只要写得正确，写 1 遍就行，如果写得不正确，就写 3 遍，剩下的妈妈替你写，这样好不好？”

教育专家竟然替自己的孩子写作业？此举真是匪夷所思！尹建莉解

释道：

正因为我是教师，我更清楚学习的核心是什么，学习中最需要把握的东西是什么。小学阶段一定要呵护好孩子的学习兴趣。孩子的作业做到正好，它就最好，如果孩子经常做一些无效的作业，经常被作业奴役，那么他将来能有学习兴趣吗？我之所以替孩子写作业，是为了保护孩子的学习兴趣！孩子面对一些不必要的作业表现出烦躁，如果家长对此坐视不理，甚至训斥孩子，就是在伤害孩子的学习兴趣。

尹老师的女儿圆圆后来怎么样了呢？

据了解，圆圆的学习成绩十分优异，曾经两次跳级。2007 年，年仅 16 岁的圆圆参加了高考，以高于当年清华大学录取分数线 22 分的优异成绩同时被内地和香港的两所名校录取。圆圆的语文成绩竟高达 140 分。圆圆的优秀证明了尹建莉家庭教育的成功，但她的成功一定是点点滴滴日积月累的结果，绝不仅仅是因为替孩子写作业。

其实，在对孩子的教育中，有一个很关键的词，叫作“留白”，说的就是留给孩子自由成长的空间和时间。比如，当孩子完成一天的学习任务时，可以奖励他一段可以自己支配的时间。在这段时间里，他想干什么就干什么，想玩什么就玩什么，他可以看书、游戏，也可以发呆、聊天。在这段时间里，家长不要阻拦也不要干涉，完全将孩子交给他自己。

在我家，我几乎每天都会给友友留出一段空白时间，这也成了他一天中最大的期待。有一天晚上，友友愁眉苦脸地对我说：“爸爸，今天老师布置的作业太多了，很多我已经会了，我可以不写吗？”“当然可以不写了，爸爸给你撑腰。”我非常爽快地答应了他的请求。不过，孩子还是不放心：

“可是，妈妈知道了肯定会骂我的。”

我拍拍胸脯，向他保证：“没事儿，我来帮你写，咱们不告诉她。”孩子立刻欢呼起来，跟我一起十分高效地完成了当晚的作业。

可能有些人会觉得特别离谱：“怎么能这么惯着孩子呢，果然不能让爸爸带娃！”然而，在我看来，写作业的核心是锻炼孩子的自主意识和对于学科的认知能力，而不是完成作业本身。别忘了那句话——有趣好过完成，完成好过完美。

不要怕把孩子宠坏，更别怕把孩子惯坏。好孩子是惯不坏、宠不坏的。你的接纳和包容，恰恰让孩子获得了一种积极的心理暗示，让他觉得学习是幸福的、学习是快乐的，会让孩子真正感受到父母跟自己“是一伙儿的”，而不是把成绩看得比自己更重要。

不要为了给谁一个交代，就逼着孩子去写作业，甚至熬通宵，那样只会让学习从“任务”变成“惩罚”。此时最聪明的做法，就是顶住压力，用父亲的肩膀给孩子提供最安全的氛围，而不是跟老师一起“合谋”去绑架你的孩子。

4. 让学习流动起来

问：学习的本质是什么？

答：学习的本质就是一场消除模糊的比赛。

在终身学习的赛道上，孩子的对手不是别人，正是自己。我们应该让孩子从小理解这样一个理念：学习不等于写作业，不等于读，不等于背，不等于抄，也不等于计算，更不等于写。

学习，是一个时时刻刻都可以存在的动态过程，学习的方式也是多元的，比如，当你带孩子走在路上时，别人都在催促孩子走快点，你却可以让孩子慢下来去观察广告牌上的设计、路上行人的特征；当别人将学习场景死板教条地局限在课桌前时，你却可以让孩子在路上去认字、在超市中学习玩耍、在故宫里感受历史……给孩子形成空间上的记忆感，将知识立体化、生活化，这才能让静止的知识流动起来。

美国著名心理学家爱德华·德西曾在《内在动机》一书中告诉我们，“相对于追求外在的金钱、名声及外界强加的评价标准，只有满足内心对自主、胜任和联结的基本心理需要，人们才能产生内在动机，保持对学习和工作的兴趣，过上真正幸福的生活。”

作为父亲，你必须擦亮眼睛，看明白、想清楚。一个真正会学习的孩子，一定首先是一个充满自信、充满勇气、充满活力的人。希望所有看到这里的爸爸，都能具备独立思考的能力。

如果你不想让孩子成为一个只会考试的机器，你就去点燃孩子纯粹求知的乐趣吧！带他一起，去探索自然、阅读古诗、欣赏音乐，让他自由自在地去感受无用之美吧！

阅读，是爸爸最简单的魔法课堂

“疯爸”养育金句：

- 阅读，是孩子综合进阶的最佳方式。
- 家是什么？家，是比学校更大一点儿的地方。

- 教育，就是一个生命对另一个生命的影响；教育，就是人“点燃”人。
- 教育的本质是唤醒。
- 合格的父母要做的，不是“鸡娃”，而是“鸡”自己。
- 阅读，是父母能够给予孩子最美好的馈赠。
- 父母要做的，就是跟孩子一起在书海里，躬身入局。

阅读，是父母能够给予孩子最美好的馈赠。我一直认为，孩子在童年时代最好的礼物，不是物质上的充裕、不是生活上的刻意，而是父母自然而然给予孩子的安全感和精神上的富足感。这种精神上的丰富，甚至比你不惜一切代价给他“攒下”一套学区房，比你给他留下任何消耗性的物质财富都来得更为珍贵、更为持久。

阅读，是让孩子综合进阶的最佳方式，也将是孩子融入社会的核心技能。

要知道，阅读不限于书本，我更喜欢将它定义成一台可以穿梭时空的时光机，让孩子可以思接千载、视通万里，无障碍地畅游于世界各地，与古今智者并肩而行，在丰盈的书海中找到本该属于自己的光，将人类自诞生以来最精华的思想尽收眼底，而我们要做的，就是跟孩子一起躬身入局。

如今，随着亲子阅读理念的逐渐普及，给孩子讲一个故事，念一本书，成了很多家庭的睡前标配。但，随之而来的还有一个奇怪的现象：那个在家陪孩子读书、给孩子讲故事的角色，通常都是由妈妈担任，爸爸即使插手，也是偶尔代班，经常敷衍了事。

似乎大家在潜意识中都有一种共识，读书、讲故事这些事情过于“文”气，与爸爸联系在一起会产生一种强烈的违和感，怎么看都有一种“赶鸭子上架”的窘迫，远不如妈妈来得自然、灵性，但实际效果真的如此吗？

• 妈妈阅读 vs 爸爸阅读

带着这一问题，我在直播间里进行了一次大范围的采访调查，实际结果却大大出乎我的意料。

网友 A 妈：“我家女儿刚上一年级，每天晚上给她读书的人选，都要由她指定。刚开始的时候，我陪读的次数多些，后来随着爸爸被‘点’的次数越来越多，几乎完全不用我插手了！”

网友 B 妈：“我家孩子也更喜欢听爸爸讲故事，因为我带她读书时总要求她安安静静地坐着，但爸爸带她读书却总是手舞足蹈，我都不知道他们爷俩到底在乐什么？”

网友 C 妈：“我家情况也差不多，虽然读的都是同一本《西游记》，但孩子就是喜欢听爸爸读，读了无数次都不腻。”

为什么看上去更适合陪读的妈妈，在孩子心中的受欢迎程度却远远不及偶尔参与的爸爸？通过进一步的学习和思考，我总结出了以下几点原因。

1. 阅读内容不同 由于性别差异的存在，妈妈在挑选图书时，会更偏向于那些细腻动人的温情故事，而爸爸则会选择冲突性更强的冒险故事或更有意思的幽默故事，显然后者更容易让孩子喜欢。

2. 阅读方式不同 即使是同一本读物，爸爸给孩子读的方式也会与妈妈有明显差异。比如，妈妈在阅读时，通常会更关注故事里人物的感觉和感受，而爸爸则会经常从书里跳脱出来，帮孩子将故事延伸到现实生活，或许还会来一段即兴表演——当读到“魔法飞毯”时，爸爸很可能会一边讲一边用床单把孩子包起来，假装他正在“御毯飞行”，这种刺激哪个孩子能够拒绝呢？

3. 延展范围不同 与妈妈相比，爸爸们通常会在数理化、军事、汽车、武侠等领域有更多的知识储备。在读书时，看到爸爸在熟悉的领域侃侃而谈，对书里的小汽车如数家珍，孩子很容易产生崇拜心理。

4. 思维方式不同 很多妈妈不满意爸爸陪孩子读书的一点原因是：讲着讲着就跑题了！本来在讲灰姑娘，他可以给你扯到英国女王；本来在讲丑小鸭，他可以给你讲到家禽饲养，简直哪儿跟哪儿嘛！然而，不要惊慌，这正是爸爸阅读的独特优势所在，孩子也会在这种跳脱的思维中感受一种别样的乐趣，就像我们在课上听老师教课讲跑题了一样，往往比听正经内容还要津津有味。

另外，由于妈妈长期占据家庭亲子阅读的中心位置，当爸爸出现时，孩子会敏感地感受到二者的表现明显不同。这种新鲜感，就足以让孩子喜欢上与爸爸一起阅读的时光。

综合以上几点原因，孩子更喜欢爸爸陪读确实不是一种偶然。

当然，这可不是我的凭空揣测，一项针对 0 ~ 9 岁儿童家庭阅读情况的调查显示：70% 以上的儿童喜欢爸爸给自己读书。同时，这项调查还有一组数据也验证了我们之前的推论。调查情况显示：92.84% 的家庭经常是妈妈陪孩子阅读，65% 以上的家庭爸爸很少陪孩子阅读，也很少给孩子买书。

也就是说，虽然很多孩子渴望能够由爸爸陪伴阅读，却由于种种原因无法如愿，这实在是太令人遗憾了。

• 爸爸陪孩子阅读比妈妈效果更好

虽然在这一轮与妈妈的对比中，爸爸以毫不费力的姿态赢取了孩子的欢心，但大多数爸爸并不愿意加入家庭亲子阅读活动，一是觉得浪费时间，尤其是工作比较忙的爸爸，没有心情陪孩子读书；二是认为“谁读不都一样”，读本书何必还要全家齐上阵？

殊不知，爸爸在亲子共读中的缺席，可不止“让孩子失望”这一个后果。

美国哈佛大学学者做过一项研究。

他们邀请家有2岁以下孩子的父母参加亲子阅读活动。经过一年时间的跟踪调查，他们得出一个结论：爸爸给孩子读书，对孩子的帮助要比细心的妈妈更大。

正如我们前文所述，在阅读的过程中，爸爸丰富的、成人化的语言和更丰富的肢体动作，都可以对开发和提高孩子的语言能力、认知能力、社交能力以及促进大脑发育，提供多角度的支持和帮助。同时，爸爸的发散性思维和更贴近生活的交流讨论，也会促使孩子在阅读中“更多地运转他们的大脑”，从而对他们的大脑发育产生积极影响。

此外，爸爸们花费时间陪伴孩子阅读，不仅可以起到高质量的陪伴作用，还可以提高孩子的学习成绩！

发表在英国《教育心理学》杂志上的一项关于“父亲在孩子教育中的早期参与及其对孩子学业学习成就的影响”的研究表明——父亲个人的阅读总量与他们孩子的阅读测试成绩之间呈正相关关系。

英国父权研究所（The Father Institute）的一项科学研究也得出了类似的结论——那些经常由爸爸陪伴阅读的孩子，在上幼儿园后，通常还会在数学科目上表现优异，更重要的是，他们也会在注意力集中和行为表现上做得更好。

如果你恰好是一个爱好读书的爸爸，那事情就更简单了。即使你什么都不做，你安安静静看书的背影，本身就会给孩子传递一个积极信号，让孩子觉得阅读是一件非常享受的事情。

所以，爸爸们不要再妄自菲薄了，在阅读这件事上，我们绝对可以算得上是“天选之子”。当你为孩子的教育问题伤透脑筋、辗转反侧时，不妨试着与他共读，这也许会成为你为教育孩子所付出的所有努力中，性价比最高、操作最简单的一种。

• 与孩子一起享受阅读

提到让爸爸陪孩子读书，我可以想象到这样一个画面：一位爸爸摸着脑袋，不好意思地笑道：“其实，我也不爱看书……”

有些父母，虽然逼着孩子读书，甚至因此成了孩子的“敌人”，但他们本身就对学习、阅读不感兴趣。

都说孩子是看着父母的背影长大的，这证明了父母行为对孩子造成的影响。1961 年，美国心理学家阿尔伯特·班杜拉（Albert Bandura）进行过一个名为“波波玩偶”的实验，实验结果表明：当孩子看到成年人对塑料的“波波玩偶”采取攻击性行动时，孩子往往也会采取相似的暴力行动；当孩子看到成年人温柔地抚摸玩偶时，他们也倾向于模仿这种温暖的举动。

这是一个经典的“社会学习理论”实验，它表明，周围成年人的行为会对孩子的行为产生巨大的影响。也就是说，如果你想培养孩子养成良好的阅读习惯，你要做的可不只是催着、赶着孩子要“怎么做”，最正确的做法是亲身示范，让自己成为孩子模仿的榜样。

在我看来，一个合格父母要做的，不是“鸡娃”，而是“鸡”自己。以阅读来说，与其天天把愁容丢给孩子，为了督促孩子读书付出那么多精力和痛苦，倒不如自己先去读书，试着去享受阅读的乐趣，把你在书桌前的背影留给孩子，那才是一种更加强悍的力量，才会成为营造好的家庭教育氛围最重要的驱动器。

教育家苏霍姆林斯基曾说：让孩子变聪明的方法，不是补课，不是增加作业，而是阅读、阅读、再阅读。

我的儿子友友刚满 10 岁，女儿好好 7 岁，在养育两个孩子的这些年，我从不觉得是我在教育他们，反而经常觉得是自己在爸爸这一角色里得到了一次净化和洗礼，像是从头再活一回的感觉。

在友友出生之前，我的阅读内容仅限于经管和商业书籍，但从友友 3 岁起，我就开启了与他一起阅读的时光，给他读图册、买童书，有时候还到图书馆借阅，周末最常去的不是商场、游乐场，而是书店。到友友 5 岁时，我和他一起读过的书已经超过 1000 本。

正所谓“书香抵万金”，可能是因为平日的熏陶，友友从小就懂得享受阅读的乐趣，他刚满 7 岁那年，就已经可以独立阅读带拼音的童书；半年后，就可以独立地完整阅读纯文字的名著和故事书了，还经常从阅读中发现“小乐趣”和“大道理”讲给我听。作为一个忙碌的爸爸，我也把与孩子共读、听孩子讲故事，当成我工作之余最解压的事。我深知：孩子爱上阅读的前提是兴趣，那才是他最好的引路人。

还要特别提醒一点：虽然爱阅读有助于孩子提高学习成绩，但不要认为只要一阅读，就能对成绩产生立竿见影的提升效果。如果一定要形容阅读对于爸爸与孩子的意义，我更愿意将之比喻成一个最简单的魔法课堂。

我们这些年带着孩子读的每一本书，就是在孩子的生命中埋下的每一颗魔法彩蛋，这些彩蛋可能会在孩子的 5 岁、7 岁、10 岁都一直蛰伏，但也许，当你的孩子 13 岁、15 岁、18 岁时，他小时候读的某一本书中的某个人物、某个故事就会迸发出来，影响他人生的某一次关键决策；又或者，当孩子长大成人，遇到了某些人生低谷，失去力量时，他会突然想起在某个阳光明媚的午后，与爸爸一起在窗边共读的时光，并从中获得解决问题的勇气，这便是阅读能够带给我们的最大幸福，而这种幸福的获得，需要你从此时此刻就开始准备。

● 爸爸怎么读书可以比妈妈更有趣

“疯爸”养育金句：

- 培养孩子的阅读兴趣，从孩子把书籍当玩具开始。
- 孩子的阅读力，会从简单到复杂，逐级向上攀登递进。

- 当孩子主动要读、要学、要写，就是“aha moment”来临的关键时刻。
- 你安安静静看书的背影，本身就在给孩子传递一个积极信号：阅读是一件非常享受的事情。
- 将阅读当成玩耍和游戏，而非任务和规定。

自从在直播间做过几期关于“如何让孩子开启独立阅读”的话题讨论，我的后台私信就开始天天爆满，大家提的问题也是五花八门，除了希望我多推荐几本适合孩子们看的书，更多的是在表达自己在陪孩子读书的过程中遇到的难题和困惑，其中，有几位爸爸提出的问题引起了我的注意。

他们在私信中表示，了解到爸爸在亲子阅读中的独特角色之后，他们也尝试着开始陪孩子读书，但是效果并没有自己想象中的那么好。有的孩子会直接表达自己的不满，要求换成妈妈读；还有的孩子只会跟爸爸疯玩疯闹，达不到应有的阅读效果。怎样才能在有趣与有效之间找到一个平衡点，巧妙利用爸爸的独特优势，开启孩子的独立阅读之路呢？

如果你也是一个想陪伴孩子阅读却又不知如何入手的爸爸，不妨试试从以下几种方法开始，也许会带来不一样的灵感。

• 当你的孩子对图书不感兴趣时

提起读书，我一直有一个不太喜欢的词，叫作“寒窗苦读”，把阅读、学习当作一件苦差事儿去做，任谁也提不起太大兴致。读书、上学是件多么有趣的事情啊！只有我们先给孩子去营造出这样一种氛围（不要假装，是真的相信），孩子才会享受其中。

因此，要培养孩子的阅读兴趣，一定是从孩子有兴趣、觉得好玩，把图书当玩具开始的。不要勉强孩子去听什么故事、读什么书，你以为自己是绝对正确的，以为自己是在用心成全，实际上却会给孩子造成干扰，无意中破坏了孩子的阅读力。

就像孩子的成长一样，孩子的阅读力也会逐渐向上攀登递进。刚开始，他也许会抱着《奥特曼》《小猪佩奇》和《冰雪奇缘》的画册不撒手，然后会痴迷于故事书的世界，接着自然而然地接触更复杂、更深奥的文学、科普，等他到了更高的年级，你想让他再回头看奥特曼、小猪佩奇，他都会轻蔑地说一声“幼稚”。留给孩子自由选择的空间，就是保护孩子身体中隐形的能量，保护他心中那颗热爱阅读的种子。

如果被孩子嫌弃读得不如妈妈好，爸爸不妨从带孩子选书开始，跟妈妈拉开差异，比如选择一些可能会被妈妈忽略的《福尔摩斯探案集》《神奇图书馆》等以冒险、勇敢、挑战为主题的图书，或者一些比如《不一样的卡梅拉》《卡蜜儿》等看起来怪里怪气的，可以连讲带演的图书类型，这些书都是只有爸爸能够靠夸张演技和搞怪才能读出精髓的。

在阅读时，爸爸不用刻意模仿妈妈的腔调，也不用刻意使用花里胡哨的技巧，只要拿出百分百的热情，跟孩子一起尽情释放天性，孩子自然会“爱屋及乌”，喜欢上与爸爸共处的阅读时光。

另外，阅读一点儿都不难，就是让孩子能够无所顾忌地拿起一本书，千万不要去在意什么所谓的难点、痛点，也不要动不动就要求孩子去复述、背诵，保持一种松弛的态度，才是读书的最好姿态。

• 背诵古诗，叩开孩子的想象之门

每个孩子在上学之后都逃脱不了背诗的“魔咒”。与通俗易懂的童书相比，古诗的语言晦涩，是孩子最不想触碰的阅读黑洞。友友在刚接触古诗时，也是一万个不情愿，用一句话来形容就是：不背古诗母慈子孝，一背古诗鸡飞狗跳。一味地逼孩子死记硬背，弄得大人和孩子都很不开心。

问题到底出在哪里呢？趁着 2022 年春节假期，我决定和孩子一起找到阅读古诗的方法和技巧，并成功地实现了“9 天学会背 50 首诗”的壮举，还让孩子彻底爱上了古诗词。

第一步，准备。利用春节假期头两天，我和孩子用动画视频一起学习研究了人类大脑的“艾宾浩斯遗忘曲线图”，目的是让孩子知道：人脑天生会遗忘，应对遗忘的办法是重复。

第二步，熟读。让孩子感受古诗文的韵律和生动有趣的背景。

第三步，拆解。我用 10 分钟时间，对每一首古诗进行断句、拆解、标注重点、框选词语、解读生僻字。

第四步，陪孩子一起看动画视频。看动画视频的时候切记以下几点。

- **一定要选择动画版的，孩子看起来会更觉有亲和力和趣味性，可以让孩子更专注。**
- **帮孩子筛选。**网上关于古诗词的视频很多，有的是用图片堆砌的，场景感不够丰富，不能引发、带入想象；有的粗制滥造，甚至还有错词错句，一定要竭尽所能地帮孩子做好筛选。

- **打通感受力。**看视频的目的是通过图像和实景的方式，带孩子进入古诗的意境，让孩子对故事的理解更为透彻，运用图片和影像联想法记忆。孩子没有任何负担就可以把视频看完整，并且记忆深刻。

第五步，引导联想背诵。让孩子根据以上步骤，进行熟读、联想、背诵，大概 10 分钟时间就可以背下来整首古诗，并且记忆深刻。

第六步，根据前面提到的艾宾浩斯遗忘曲线、强化记忆。每过一天、一周、两周、一个月、三个月，让孩子重复背诵。就这样在遗忘的边缘反复拉扯几遍，就不会忘记了。

此外，在平常生活中和孩子沟通时，还可以把背古诗当成一种接龙游戏，你背前半句，由孩子接出下半句，再配合一定的奖惩措施。这样一来，孩子就不会觉得背古诗是项任务，而会把它当成一个游戏来对待。

• 将阅读当成玩耍和游戏，而非任务和规定

为了让读书的时光更有趣味，你可以在读完一本书后，和孩子一起来一场角色扮演，由你当 A 角，孩子当 B 角，妈妈当 C 角，在家里排练一场小小的短剧。

比如，你们刚刚看完《三打白骨精》，要演唐僧把孙悟空赶走的这一段，需要准备什么呢？首先需要道具，可以从家里就地取材，把自己扮演成剧中的角色；然后就是剧情，不一定要照搬书里写的内容，你可以带着孩子一起做编剧，对故事情节进行再创造，让孩子随意、大胆地进行改编，

再把故事演出来。还可以换一种玩法，玩“你演我猜”，由孩子或爸爸分别进行表演，然后让另一个人猜人物或情节，这些都可以增加孩子对所读图书的兴趣度和关注度。

既然要让孩子享受阅读，有两个字一定要在心中杜绝，那就是“功利”。

阅读是孩子自己的事儿，不要总是要求孩子时刻专心、专注，必须在几天之内读完多少本书，因为孩子的理解、记忆和阅读速度都是由他自己的大脑掌控的，一旦你开始插手，这件事情就变味儿了。如果是学校老师要求，那也可以采取我上面提到的背诵古诗的方法，而不是让孩子死记硬背。

• 让孩子变成“小先生”

当孩子进入学习和自主阅读的阶段，真正需要的是来自盟友的鼓励和倾听。

不管是哪种阅读方法，我们一般的做法都是自己做一个输出者，而孩子永远是一个被输入的角色。那么，如果将这种关系进行翻转呢？

你可以试着让孩子给你讲述一个故事，让孩子作为一名朗读者，在孩子表达时，你要放下家长的姿态，认真听、不要插嘴，更不要随时纠正孩子的口音或动作，你要全神贯注，把你的眼睛、呼吸、姿势、状态、眼神全都调整到一个倾听者的状态，哪怕你是表演出来的也没有关系，让孩子找到一种输出的状态，跟他原有的认知进行一次缝合，花点儿时间认真感受孩子，让他在宽松的环境里爱上阅读。

或者，当孩子看完一本书，兴冲冲地跑到你面前问“爸爸，你知道世界上最厉害的恐龙是什么吗”时，即使你一点也不感兴趣，也要积极地和他去探讨，表现（其实需要表演）出自己强烈的兴趣，并且别忘了在谈话的结尾提醒孩子：“这个恐龙好厉害，以后你看到别的，也要告诉我哦！”

另外，随着孩子阅读范围的扩大，我还有一个让俩孩子主动跟我交流阅读心得的秘密武器，那就是让他主动向我推荐。比如有一次，我知道孩子最近迷上了哈利·波特的漫画书，但我没有主动找来阅读，直到孩子看到兴起，非要跟我谈论时，我才让他讲给我听。

正是因为我没有看过这本书，孩子才可以毫无顾忌地向我描述书里的内容，还努力让我吃下他的“安利”：“爸爸，这本书真的很好看，你也看一下！”

你看，仅仅是角色颠倒了一下，就可以体验完全不同的阅读乐趣。

• 抓住“aha moment”来临的关键时刻

从阅读到写作，又是一个十分艰难的转换过程。我们不能要求孩子在读完一本书后，立刻就能写出一篇优秀的读后感，但我们可以通过一些有趣的技巧，尽可能多地提供让他们表达的机会，这样效果会更显著。

举个例子，友友从一年级开始迷上了《米小圈上学记》，从一年级下学期开始到二年级上学期，友友已经把带拼音的一年级 4 本、带拼音的二年级 4 本、不带拼音的三年级 4 本、不带拼音的四年级 4 本，共计 16 本全都读完了。

我印象非常深刻，在他读完一年级 4 本后，有一天晚上突发奇想，找到我说：“爸爸，我也想像米小圈一样写日记！连名字都想好了，就叫《友友上学记》。”这句话让身为老父亲的我喜极而泣。我知道，我的阅读引导开始起作用了，孩子的自主阅读在萌芽了。

当孩子主动要读、要学、要写，就是“aha moment”来临的关键时刻，我们一定要抓住这个宝贵的黄金时机，这就是从“要孩子读”到“孩子要读”的积极信号——孩子受到了《米小圈上学记》的启发，要主动开始写日记了！这比逼着孩子记下100首古诗、背出100个单词更令人兴奋。

我趁热打铁，以最快的速度和孩子一起挑选了他超级喜欢的密码日记本，选择最快的速递业务送到了家。也正是从那一天开始，一直到此刻，他每天写一篇日记的好习惯从未改变。虽然他阅读觉醒的那一天来得晚了一些，但我知道，对孩子而言，什么时候出发都不晚。

如果同为人父的你已读到这里，那真的是你我彼此的幸运。总结一下我的带娃心得：

- 当孩子主动要去学、去读一本书、去想某一个他突然感兴趣的事，或是产生了对某个学科的“小火苗”的瞬间，恭喜你，这是一个强烈的积极信号！必须敏感地捕捉到，并做出即时反馈，迅速采取行动；
- 当孩子主动开启想法的那一刻，一定保护孩子自己“长”出来的主动性，那意味着孩子在自己选的这条路上，会更专注，会走更远；
- 必须倾尽全力为孩子铺平接下来的路，尊重孩子的独立空间，甚至为孩子自主选择提供丰富的条件和多元选项。

不要觉得这些方法太难、太麻烦，任何习惯的培养都会经历一段由繁入简的成长之路，而这也是孩子在成长过程中成就感的来源。最后，将这些独属于你们的乐趣，一点一点地积攒起来，聚沙成塔，就会成为一直支撑孩子阅读下去的底气和勇气。

“疯爸”的独家阅读法

一、读书给他人听

读书给孩子听，并尽量每天设置合适的时间段。

二、建立孩子的家庭阅读区

建立属于孩子的家庭阅读区，孩子能够轻松愉快地在属于自己的小小区域范围内，读自己想读的任何一种图书。

三、摘抄不要停

给孩子做一些摘抄，包括阅读建议、有趣的阅读文本，甚至包括有意思的笑话和诗歌，隔三岔五给孩子创造一些惊喜，在他们的文具盒里、书包里、餐盒上、早上起床的枕头上，只要你想，就能在任何地方为孩子创造这种阅读环境。

四、一起讨论吧

和孩子讨论阅读这件事，包括如何建立阅读习惯、生字词表，一起阅读孩子的课文，做更多的讨论。

五、一个随身携带的便签本

给孩子准备有趣的小便签本，把便签本当成孩子的日记本，方便孩子随身携带、随时观察、随时记录、随时写任何想写的东西。

六、走出家门去阅读

经常带孩子去图书馆借书、买书、和朋友一起看书。

七、兴趣第一位

给孩子买任何他们有兴趣的图书，只要孩子冒出对任何方向感兴趣的苗头，就要积极引导。

八、一起阅读吧

父母自己也要爱看书，有些父母自己很讨厌看书，却希望孩子喜欢阅读。其实，父母的行为会潜移默化地影响孩子，父母最好能每天抽出时间关掉手机和电脑，陪孩子一起阅读，可以是亲子阅读，也可以是孩子看儿童读物、父母看自己的书。

九、睡前阅读

将孩子上床的时间提早，然后给孩子可以看书的特权。如果给孩子选择："看半小时书，还是马上关灯睡觉"。孩子十有八九会选择看书，这不见得是孩子爱看书，而是他不想轻易入睡。

十、每天留出给孩子读书的时间

答应孩子每天睡前给他读书来督促自己，这样也有助于培养孩子的阅读能力和综合能力。

十一、便利贴有大用处

给孩子准备便利贴，帮孩子学会粘贴便利贴或建立阅读索引卡。在和孩子一起阅读的过程中，可以把便利贴贴在书本上或贴在孩子喜欢的任何一个笔记本上。

以便利贴为标签的形式，就是帮孩子梳理自己思维的过程，也是帮孩子学会提纲挈领的过程。

十二、把阅读和有趣的户外活动联系起来

带着孩子到户外玩耍，在帐篷里读书、在吊床上读书、在小船上读书，一切能给孩子新鲜有趣体验的阅读活动都是孩子想要的，创造更多这样的机会，孩子就会爱上阅读；还可以把这样的过程变成家庭活动的固定栏目。

十三、让孩子给他喜欢的玩具或宠物读书

让孩子试着认真地给宠物或玩具读书，就像大人认真地给孩子读书一样。如果孩子能把给宠物或玩具读书当成一件有趣的事，并且还能坚持，那真是了不起。

在阅读过程中，流利朗读、和宠物或玩具之间的假装性互动，都是对孩子语言、思维能力最好的训练。

十四、带着孩子多参加与阅读相关的群体活动

如今，全国各地图书馆、社区服务站都会定期举办各种和阅读相关的活动，阅读会、故事大赛、朗读故事、童话表演……带孩子去参加吧。

十五、把图书作为生日礼物

在孩子们交往过程中，建议孩子把图书作为送给小伙伴的生日礼物。孩子生日时可以有各种各样的礼物，但是图书最好在其中，这是潜移默化地影响孩子，使他认识到阅读的重要性。

十六、家庭阅读俱乐部

建立家庭阅读俱乐部，让孩子成为其中重要的一员（不仅是爸爸、妈妈、孩子，也包括老人、姑姑、舅舅等，把这些至亲组织在一个微信群内，成为俱乐部成员），家庭阅读俱乐部定期分享大家的阅读感受、组织有趣的线下活动，以家庭阅读俱乐部的名义进行各类聚餐，时间久了，孩子会发现原来阅读俱乐部这么好玩。

十七、通过视频、语音分享阅读感受

孩子通过语音、视频通话等方式与好朋友分享自己正在阅读的图书、诗歌，或者任何他们想要分享的内容。分享的对象从爸爸妈妈开始，每隔一段时间就做一次分享。

十八、建立背景知识同步的对话环境

很多父母喜欢给孩子买书，但自己从不读书。不如换个思路和方式：给孩子买的图书，家长和孩子一起读一遍；或者家长读完后再推荐给孩子，这样你就会有更多的推荐语，你就会拥有更多和孩子对话的谈资，也同步了对话的背景知识。

十九、选择性阅读

有选择地给孩子朗读书中的一部分内容，比如书中的重点部分、情感描写丰富的部分、孩子喜欢的部分。孩子觉得无聊不想读的部分，你可以给孩子读。把孩子对阅读的讨厌程度降到最低，参与程度提到最高，时间久了，孩子自然会爱上阅读。

二十、不是只有图书才可以阅读

只有图书才能阅读吗？并不是！

请注意无处不在的印刷品！比如，和孩子在商场购物时看到的广告牌、商店的宣传口号，这些可都是很多创意文案高手绞尽脑汁想出来的。

■ “疯爸”独家秘籍：不打屁股，也能一招搞定熊孩子

稳定好情绪，爸爸就是家里情绪的定海神针

孩子撒泼打滚不听话，任凭妈妈吼叫也毫不奏效。如何一招搞定？下面这一终极“招数”可以助你一臂之力：

当孩子向你提出无礼要求时，尽量避免直接给出“不行”“不可以”等直截了当的否定意见，以免导致孩子情绪更加失控。

正确的办法是，蹲下来，看着孩子的眼睛，用温柔而坚定的语气告诉他：

“我们之前不是说好了吗？家里已经有这个玩具了，不能再买。”

如果孩子的态度有所缓和，你可以再试着用沟通的方式，给孩子提供其他选择，转移孩子的注意力，比如：

“刚才我看见那边有一个旋转木马，我们去看看怎么样？”

如果孩子根本不听你说的话，继续采用更激烈的方式寻求达到自己的目的，这时爸爸一定要放下面子，忍受孩子的哭闹，千万不要因为怕麻烦，就放弃自己的原则。

当孩子对你提要求时，其实他心里是没底的，他在随时观察你的

反应。他所有的哭闹、打滚，都是在试探父母内心规矩的边界。

只要你能坚持采取冷静观望的态度，并适时向他重申自己的态度，孩子就会自己去权衡，原来“哭闹这办法不奏效”。以后他就不会再用这一招来“要挟”父母了。相反，你一旦妥协，以后他就会变本加厉地使用这个招数。

注意，**在这场爸爸与熊孩子之间的极限拉扯战中，要想让这一招数发挥最佳效果，还有一个重要前提，那就是：必须与家人达成一致。**

作为爸爸，一定要稳定住身边人的情绪，起到定海神针的作用。等孩子冷静下来，再去好好抱抱他，给他讲清楚道理，用其他方式给予孩子适当的满足。

总结一下，要用这一招，需要遵循以下四个步骤：

第一，温柔而坚定地说明规矩；

第二，忍受孩子的哭闹；

第三，要全家人一起遵守规矩；

第四，等孩子冷静下来以后再讲道理。

这个世界上本没有“熊孩子”，只有不会教育孩子的“熊父母”，只要掌握了恰当的方式，就可以从源头减少孩子的任性行为。

一招搞定孩子不写作业

“你写了多久了！没写多久？1 小时了，还说没写多久？怎么了？说你两句就不吭声了是吧？”

孩子写作业拖拉磨蹭，你越催火越大，越催孩子越不动，不要担心，四步轻松帮你搞定。

第一步：客观描述。当你看到孩子拖延、走神时，不要立刻斥责惩罚，试着用“我看见”“我听见”“我注意到”等词语来描述。

“宝贝，我看见你在转铅笔，这道题你已经写了10分钟了。”

“宝贝，我看到你刚才走神了，是因为今天的作业太难了吗？”

当我用“我看见”这样的陈述句式去描述时，我没有去批评、指责、埋怨孩子，只是在描述“你在转铅笔的动作和你写了10分钟”这件事，这样就不会激发出孩子的逆反心理了。

第二步：用你的话去表达孩子的感受，去表达你自己的感受。

你可以这样和孩子对话：

“写了10分钟了，还没有头绪，你是不是感到有点着急呢？”

“嗯，烦死了，不知道，我完全不会做。”

“我理解，没有头绪的感觉，就是会让人着急还会让人分心。”

当孩子的感受被你看见了，他的心就被照亮了，孩子焦躁的情绪也就平静下来了。

第三步：表扬品质。

当你发现了孩子在写作业过程中的小小进步时，可以这样说：

“我看到你遇到了难题，但是你一直在思考，真是太棒了！”

“你从来都没有放弃，你也没有发脾气，这说明你很有毅力。”

这种对话就叫作正面导向。

虽然这道题孩子确实写了10分钟，看似在拖拉磨蹭，但背后却隐藏着一个可贵的品质，就是遇到问题不退缩、不放弃。发现他这个闪光点并予以表扬，这就是正面导向。

我们要拿着一个“放大镜”，去找到孩子做得好的部分，将之发扬光大，在这个说出来、去放大的过程中，孩子的优点就从一个变成了两个，从两个变成了四个，优点越来越多，孩子就会变得越来越好。

第四步：寻找解决方案。

怎么操作呢？

记住，任何一件事情都有三种以上的解决方法。

当孩子无法自己解决问题时，可以这样提出建议：

“如果你不会，可以向别人求助。”

“我们可以一起去网上找找答案或问问老师。”

一定要让孩子意识到，所有问题都有好多种解法，你可以把这些解法示范出来，下次他自己就有能力去解决这个问题了。

当我们能够用这样的心态去和孩子沟通时，我们就会发现，孩子拖拉磨蹭的次数会越来越少，写作业的效率也会越来越高。当孩子写作业的成就感越来越足时，他就会越来越爱写作业了。

结束语

“疯爸”说：永远在学，和孩子一起长大

你的孩子，其实不是你的孩子，

他们是生命对于自身渴望而诞生的孩子。

他们通过你来到这世界，

却非因你而来，

他们在你身边，却并不属于你。

你可以给予他们的是你的爱，

却不是你的想法，

因为他们自己有自己的思想。

你可以庇护的是他们的身体，

却不是他们的灵魂，

因为他们的灵魂属于明天，

属于你做梦也无法达到的明天。

你可以拼尽全力，变得像他们一样，

却不要让他们变得和你一样，

因为生命不会后退，也不在过去停留。

——纪伯伦《致孩子》

一直以来，父母与孩子的关系，尤其是爸爸与孩子的关系，大多以“教育者”与“被教育者”的上下级形式存在。很多人下意识地认为，成长是孩子需要面对的课题，而对“如何更好地陪伴孩子”“如何成为一个好爸爸”“如何为孩子的成长提供更多助力”等自身短板根本不屑一顾。

在这个信息爆炸的时代，面对更加聪明、更加敏感，也更加有主见的孩子，有些爸爸安于现状、不思进取，心里揣着对未来教育的迷茫，外表却端着家长的架子强装镇定。正是这种骨子里的“傲慢”，让“爸爸”这一角色逐渐落后于时代，变得越来越不合时宜，甚至成为很多家庭冲突的导火索。

想象一下：当妈妈为了照看孩子忙得焦头烂额，一转头发现爸爸不仅帮不上忙，还对孩子的教育问题指手画脚时，试问：谁还能心平气和地和他保持友好沟通呢？

当一个怨气爆棚的妈妈遇上一个甩手掌柜式的爸爸，任何一件鸡毛蒜皮的小事都可能成为一场家庭大战的导火索。

这并不是我在危言耸听。通过平时与直播间里的朋友交流以及我对周围家庭的观察，我发现：一个家庭的和谐程度，通常与爸爸参与育儿的程度成正相关，也就是说，生活中爸爸参与育儿的程度越高，家庭关系、夫妻关系、亲子关系越和谐；爸爸参与育儿的程度越低，在家里的存在感越弱，家庭成员之间的关系越紧张和疏离。

不要再用“父爱如山”那一套说辞当作掩盖自己行动力不足的借口了！

正所谓“冰冻三尺，非一日之寒”。如果此时爸爸们依然不能察觉问题的关键所在，依然秉持着“男主外，女主内”的传统观念拒绝跟随时代一起进步，拒绝改变自己的行为模式，那么只会使这种失衡进一步恶化，这不仅会成为诸多问题的根源，让整个家庭陷入深深的矛盾之中，其产生的负面影响也会波及每一个家庭成员，甚至会导致一个家庭分崩离析，进而对孩子的健康成长造成不可逆的伤害。

个体心理学创始人阿尔弗雷德·阿德勒说过这样一句话，“幸福的童年可以治愈一生，不幸的童年却要用一生来治愈”。原生家庭对我们每个人的影响都无比巨大，如果一个人受到原生家庭的伤害，甚至会成为贯穿他一生的悲凉底色。

对于父母来说，孩子是我们生命的延续，每个人都竭尽所能想为下一代提供最好的教育、最好的生活环境，但很多人忽视了一个前提，即真正的亲子教育应该建立在亲密关系的基础之上。为孩子创造一个更加和谐的成长环境，是对孩子最好的教育，也是唤醒孩子内驱力的根本办法。

当你抱怨自己糟糕的原生家庭时，别忘了，你正在创造的，就是孩子的原生家庭。

尤其对于爸爸来说，不要将原生家庭的模式当作自己不肯成长、不肯改变的借口；更不要将过去的错误当作正确并继续复制。你曾经缺失的体验，可以通过自己的努力为孩子补全，不让伤害延续到下一代。

爸爸作为家庭关系的重要成员以及育儿事务中的关键角色，要想进入真正的“觉醒时代”，不能满足于“打卡”式的试探，更需要身体力行地“强参与”，与孩子一起成长，共同进步，真正尽到一名父亲陪伴、照顾、教育的职责，这种态度本身，就是对孩子最好的滋养。

此外，保持一个不断成长的心态，还可以帮助我们从狭隘的“信息茧房”中跳脱出来，以一种更加开放的心态，走出思想中的自我设限，避免将成年人的“信息茧房”变成父母给孩子的“人造茧房”。

正如纪伯伦在诗中所说，儿童与其说是父母创造的生命，不如说是自然赐予我们的小小神灵。作为他们在这个世界上的第一名引领者，我们需要向他们展示一个真实的世界，而不是基于我们狭隘认知所营造的一个人为的、扭曲的世界。

为了避免这种后果，我们一定要树立一个全新观念，即成长并不是孩子一个人的事情，而是父母与孩子一起面对的课题。在此基础之上，构建起一个合格爸爸的全新地基。

做爸爸是需要学习的。

所谓教育，说难很难，说简单也简单。当身为父亲的你，把时间和精力放到自己身上，以身作则、躬身入局时，你的光、你的热、你的能量，就会自然而然地传递给你的孩子。这就是成长中的“共作效应”。

永远不要因为自己过去经历了什么，感受了什么，所以今天就要按那件事情去做，更不要让那些因果提前在自己身上展现，而是要不断地向外寻求、向外去获取知识，这样才能拨开挡在眼前的迷雾，克服育儿路上的焦虑和无力，找到问题表象背后的终极答案。

当我们和孩子一起阅读、一起锻炼健身、一起郊游、一起参观博物馆时，当我们用一种平等的姿态，与孩子一起进步、一起成长，重新活一遍不可逆的童年时，这段与孩子共处的时光，不仅是上天给予我们的一种恩赐，也是与孩子彼此赋能、一起成长的条件和机会。

作为爸爸，我们对孩子最好的陪伴和教育，就是秉持着终身学习的态度，和孩子一起学习、共同成长，始终怀着一颗谦卑的心，具有与孩子一起成长的自觉意识，在自我成长、自我发展的同时，也成为孩子精神成长的引领者。

做爸爸是需要超越的。

绝不是客观上做了父母，我们就自然成了合格的父母，为人父母是需要终身学习的。

如果你已经完成了本书的阅读，那首先要恭喜你！

你迈出了成长过程中最艰巨的一步，你选择放下脑中固有的观念，打开你心里的那扇天窗，打开你内心所有的不安和不知所措，用一种从来没有想象过的方式，去达到从来没有达到过的高度。

这种积极学习的态度，正是我一直强调的带娃理念——永远不要自洽，永远不要闭环，永远保持一颗开放的心。

这个超越的过程，就是通过学习不断克服自我的过程。而这，正是爸爸在带娃路上的一种自我提升。

作为这条自我提升之路上的先行者，我把自己定义为“疯狂爸比”，就是想通过自己的身体力行去体验“不装、不端、有点二”的真实爸爸的带娃感受，也是在寻找“疯狂爸比”和自己的两个小孩通过无为而治、和光同尘、双向奔赴的高光时刻。其深层寓意，就是希望尽我所能给两个孩子创造辽阔的人生。

同时，我也热切希望，每一位有缘能读到这里的爸爸妈妈，咱们一起互勉，与“疯爸”一起享受成长的快乐与收获的欢喜；希望有更多的爸爸能通过本书开启成长之路，跟我一起加入养育孩子的队伍，去珍惜这一场特别美妙的旅程，在途中创造一个和谐的育儿氛围。